S E I K Y U S H A L I B R A R Y

青弓社ライブラリー 89

国家がなぜ家族に干渉するのか

法案・政策の背後にあるもの

本田由紀／伊藤公雄 編著

青弓社

国家がなぜ家族に干渉するのか——法案・政策の背後にあるもの／目次

序章　なぜ家族に焦点が当てられるのか　本田由紀　7
1　家族と国家　9
2　現状の異常さ　10
3　その背景にあるもの――一九九〇年代からの布石　12
4　政権奪回後の自民党政治の性質　15
5　教育をめぐって起きていること　17
6　本書の構成　21

第1章　家庭教育支援法について　二宮周平　25
1　本法案の概要と問題点　27
2　文科省が実施する家庭教育支援の推進　33
3　二〇〇六年法の精神　39
4　比較の視点――子どもの権利条約と地方公共団体の家庭教育支援条例　48

第2章　親子断絶防止法について　千田有紀　57
1　諸外国での動き　60
2　日本での動き　64
3　親子断絶防止法について　71
第3章　経済政策と連動する官製婚活　斉藤正美　87
1　官製婚活がいつから始まったのか　92
2　どうして官製婚活政策が広がったのか　95
3　官製婚活は、いまどうなっているのか　102
4　今後、何が広がっていくか　110
第4章　自民党改憲草案二十四条の「ねらい」を問う　若尾典子　121
1　日本国憲法二十四条への攻撃　125
2　改憲草案前文と「家族保護」規定　133
3　改憲運動にとっての改憲草案二十四条の役割　142

4 世界人権宣言十六条との比較 146

終章 イデオロギーとしての「家族」と本格的な「家族政策」の不在 伊藤公雄 155

1 家族の自立と家族の保護 159
2 イデオロギーとしての「家族主義」 161
3 「家族主義」のパラドクス 163
4 家族教育支援法 165
5 「家族は一体イデオロギー」と親子断絶防止法 167

装丁——伊勢功治

序章

なぜ家族に焦点が当てられるのか

本田由紀

はじめに

本書は、二〇一七年一月二十七日に開催した日本学術会議社会学委員会ジェンダー政策分科会主催の公開シンポジウム「家族とジェンダーをめぐる法律案・政策がはらむ諸問題」における登壇者の報告を中心に取りまとめたものである。一六年の特に後半以降、本書の各章が詳しく論じる家庭教育支援法案、親子断絶防止法案、自由民主党の憲法改正案（なかでも二十四条）、内閣府の婚活支援政策という、いずれも家族に関わる法律案や施策の現実化に向けての動きが、政府によって加速されている。これらの法律案や施策は、日本社会の家族のあり方を大きく歪めるものではないかという強い危惧から、前記の分科会はこのシンポジウムを急ぎ開催したのである。平日の夕方であるにもかかわらず会場には約百五十人の聴衆が集まり、この問題に対する社会的関心の高さがあらためて実感された。主催者からの緊急の依頼に応えてくれた登壇者の方々の報告は、充実した、またそれぞれに危機感に満ちたものであり、その後の聴衆との質疑も熱を帯びた。登壇予定だった内藤忍氏が当日インフルエンザにかかり、病をおして自ら手配された代役の斉藤正美氏が富山から「Skype」経由で報告したことも、会場の熱気をむしろいっそう高める結果になった。このシンポジウムの内容はあまりにも重要であり、より広い範囲の人々に届けるべきではないかという申し出を、当日参加していた編集者からいただいたことが、本書を編むきっかけとなったのである。

個別の法案・施策を論じる次章以降の各章に先立ち、本章では、現下の日本社会で「なぜ国家が家族への干渉を深めているのか」という問いに対して、おおまかな見取り図を描いておきたい。

1 家族と国家

家族が純粋に私的な親密性に基づく集団として真空のなかに存在しているのではないことは、社会学者だけではなく一般の人々にとっても常識の域に属することだろう。むろんそれが当てはまるのは日本だけではない。ジャック・ドンズロは、十九世紀以降のフランスで、医療・司法・福祉・マスメディアなどの様々な〈社会的なもの〉が、複合的に家族への介入を深めていった様子を描き出した。(1) ニコラス・ローズも同様に、欧米では二十世紀を通じて、子どもを「正常」に発達させる責任を家族が自律的に果たすように仕向ける〝統治〟のあり方が進行してきたと論じている。(2) 調査統計が活用され、予防と支援と動機づけの網の目が張り巡らされることで、親たちは、プライバシーを侵害されていることに気づかないまま、自分自身の願望や理性的判断に基づいていると信じて、〝統治〟に組み込まれていったのである。

このように、家族のあり方は多様な制度や規範に規定されているが、それ自体はあらゆるところで常に／すでに起こっていることである。では、日本の現状——家族をめぐる新しい法律案や憲法改正案が次々に打ち出され、地方自治体でも家族形成や子育てへの介入が強化されている現状——

は、近代以降の社会ではありふれたことで、問題視する必要はないと言えるのだろうか。

2 現状の異常さ

この問いかけに対しては、やはり複数の点からノーと答えざるをえない。その理由として、少なくとも以下の三点を挙げることができる。これらの法案は本章の執筆時点ではまだ最終案が公開されていなかったり、また制度についても自治体間で異なることから、それらの性質を断定することは難しいが、これまでに得られている様々な情報から、以下の点はほぼ確実と言えるだろう。

第一に、その形式の強要性である。前述のように家族が社会から影響を色濃く受けていることは事実だが、具体的な個別の家族における成員間の関係のあり方や日常的な振る舞いは、当然ながら多様である。当事者自身思いもしなかった事情から困難や葛藤を抱えている場合もある。そして、何が望ましい家族のあり方なのかについて、政府や自治体が一概に決めることはできないし、決めようとすることは、憲法十三条に定められている個人の尊重、生命・自由・幸福追求の権利の尊重の基本原則に照らしても端的に不当である。しかし、現在推進されている法案・制度は、「子に社会とのかかわりを自覚させ、子の人格形成の基礎を培い」「子育てに伴う喜びを実感できるように」（家庭教育支援法）、離婚後の別居親との面会交流の義務化（親子断絶防止法案）、「家族は互いに助け合わなければならない」（自民党憲法改正案）、結婚の奨励（内閣府婚活支援策）などのように、家族の内部に踏み込んだ特定のあり方を法律や制度で一つの型にはめようとしている。これは、前述した専門職や社会規範などからなる影響の「複合体」（ドンズロ）の存在とは異なる、より強力かつ一面的な支配のあり方である。

第二に、その内容の非合理性である。例えば家庭教育支援法案では、法律の目的として、家族構成員数の減少や家族がともに過ごす時間の減少などの問題に対し、家庭教育の支援が重要な課題になっていることを挙げている。しかし、家族構成員数の減少は、少子高齢化に伴う単身世帯や夫婦のみ世帯の比率の増大が原因であるし、家族がともに過ごす時間の減少は長時間労働の蔓延に起因すると考えられる。仮にこれらが問題だとして家庭教育がその解決策になるのか、ということはきわめて疑問である。親子断絶防止法案についても、家庭内で離婚にいたる過程で夫婦・親子間での対立・葛藤が高まっていた場合、連れ去りの禁止や離婚後の面会交流を法律で定めたとしても有効に機能せず、そうした硬直的な法律の適用によって、なによりも子どもに大きな負荷がかかる危険がある。自民党憲法改正案二十四条についても、すでに困窮状態にある家族に対して「互いに助け合う」ことを要請しても、それは家族の内閉性と社会的孤立をむしろ悪化させることにしかならない。また、現行憲法では「婚姻は両性の合意のみに基づいてなされる」とされている条文から、なぜ「のみ」という言葉を削除する必要があるのかについても合理的な説明はない。そして、内閣府や地方自治体の婚活支援策によって、企業・団体・大学などが従業員や地域内の独身者に結婚への圧力をかけることがなぜ必要なのか、その結果としてどのような良い効果が個人や社会にとって期待できるのかについても不明である。これらの法案・制度は、何が問題であり、その解決策として何をすればどのような改善が得られるのか、という論理的な整合性を欠いていて、前述の強要性だけが際立っている。

第三に、特に家庭教育支援法案と婚活支援政策に当てはまることだが、法案・制度の実施方法の全域性である。これらでは、家庭教育や結婚を推進するうえで、学校や地域住民、専門職、企業、団体など、家族や個人を取り巻く地域コミュニティやその内部にある諸機関をいわば総動員する形で、家族や個人に直接的に介入する方策がとられている。家庭教育支援法案と並行して二〇一七年一月に提出された「家庭教育支援の推進方策に関する検討委員会」報告書では、「家庭教育支援チーム」による全戸訪問も提唱されている。このようなやり方は、個々の家族や個人を完全に攻囲して、逃げ場がない状態を作り出すものである。

以上の点で、現在の日本で進行中の法案・制度は、国家が家族の望ましい姿を強固に定め、直接的に人々の行動を変容させようとするものであるという点で、異例・異常な事態だと言わざるをえない。

3　その背景にあるもの――一九九〇年代からの布石

ではなぜ、このように異例・異常な事態が現れているのか。

直接の背景は、きわめて保守的な思想を持つ団体との結び付きが強い現安倍晋三政権の性格であるのは、疑う余地がない。しかし、より過去にさかのぼれば、すでに一九九〇年代後半から、家族に対する政策的関心は高まりを見せていた。その重要な契機になっていたのは、「子ども」への注目である。九〇年代初頭以降、経済の低迷が長引くなかで、九〇年代半ばには阪神・淡路大震災、オウム真理教による地下鉄サリン事件、「酒鬼薔薇事件」（神戸連続児童殺傷事件）など未曾有の出来事が相次いだことから、日本社会全体に不安感が広がっていった。同時に、冷戦構造の終焉と近隣諸国を含む新興国の経済的台頭という国際環境の大変動も生じていて、それらへの反作用として、政府や保守層はナショナリズムを喚起する意図をも強めていた。そうしたなかで、健全かつ活力がある社会や経済の復活の必要性から、次世代の担い手たる子ども・若者に対する、不安・期待・願望が入り交じった関心が上昇していたのである。

そのような「子ども」への注目は、子どもが生まれて最初に属する集団である家族への関心と不可分に結び付いていた。教育政策をめぐる当時の文書に、それがよく現れている。その典型が、①一九九六年七月の中央教育審議会答申「二十一世紀を展望した我が国の教育の在り方について」、②九八年六月の中央教育審議会答申「「新しい時代を拓く心を育てるために」——次世代を育てる心を失う危機」、③二〇〇〇年十一月の生涯学習審議会社会教育分科会報告「家庭の教育力の充実のための社会教育行政の体制整備について」、④同年十二月の教育改革国民会議報告「教育を変える十七の提案」、⑤〇七年六月の教育再生会議第二次報告「社会総がかりで教育再生を——公教育再生に向けた更なる一歩と「教育新時代」のための基盤の再構築」などである。(3)

例えば①は、「子供の教育や人格形成に対し最終的な責任を負うのは家庭である」とし、子どもには「郷土や国を愛する心」「我が国の文化と伝統に対する理解と愛情」などを育成すべきだと提唱している。また一九九七年の「酒鬼薔薇事件」後に出された②では、子どもの「生きる力」を伸ばすために、家族での読み聞かせや一緒に食事をとること、会話の増加などが提言されていて、その後に政府は「家庭教育ノート」「家庭教育ビデオ」などの作成・配布を開始している。③も同様に、「家庭の教育力の充実が青少年の問題行動等の解決の重要な決め手となることは想像に難くない」という立場をとっている。また④でも、多数の提言の筆頭には「親が信念を持って家庭ごとに、例えば「しつけ三原則」と呼べるものを作る。親は、できるだけ子どもと一緒に過ごす時間を増やす。親は、PTAや学校、地域の教育活動に積極的に参加する」ということが挙げられている。そして⑤では「子供たちの規範意識や「早寝早起き朝ごはん」などの生活習慣については、学校と家庭、地域が協力して身につけさせる。また、挨拶やしつけ、礼儀作法についても、子供の年齢や発達段階に応じ、学校と家庭が連携して子供に身につけさせる」とある。

こうして、劣化しているように見えた家族と子どもを矯正し、国家に貢献するべく仕向けたいという政治的な願望は、世紀転換期までに大きく膨張していた。そして、二〇〇一年の中央教育審議会諮問、〇三年の中央教育審議会答申、三年間にわたる協議会と検討会での議論を経て、〇六年十二月に国会で可決成立した教育基本法「改正」で、その願望は結実したのである。(4) 同年九月には、安倍晋三が一度目の首相の座に就いていた。

「改正」教育基本法には、新設された十条に「父母その他の保護者は、子の教育について第一義的責任を有するものであって、生活のために必要な習慣を身に付けさせるとともに、自立心を育成し、心身の調和のとれた発達を図るよう努めるものとする。2　国及び地方公共団体は、家庭教育の自主性を尊重しつつ、保護者に対する学習の機会及び情報の提供その他の家庭教育を支援するために必要な施策を講ずるよう努めなければならない」と明記されている。現在の家庭教育支援法案はこの十条の具現化であり、言い換えればすでに十年前にレールは敷かれてしまっていたのである。

4　政権奪回後の自民党政治の性質

第一次安倍政権は二〇〇七年九月の首相辞任をもって短命に終わり、その後〇九年には民主党が政権の座に就く。しかし一二年十二月には自民党が政権を再び奪取して安倍晋三が首相に返り咲く。さらに一四年十二月の衆議院総選挙で自民党は大勝して「一強」体制を確立したが、それとともに右傾化の傾向がいっそう顕著になった[5]。右傾化の原因としては、政権を民主党に奪われたことで、民主党のリベラル色が強い政策との差異化が必要だったことを強調する説もある[6]。しかし、とりわけ家族に関する法案や施策に関しては、「親学」を掲げる高橋史朗らを含む保守的政治団体「日本会議」との関係が、やはり重要である[7]。

高橋史朗らは教育基本法「改正」と同時期の二〇〇六年十二月に「親学推進協会」を設立し、その後の一二年四月には安倍晋三を会長として「親学推進議員連盟」が設立された。「親学」とは、「日本の伝統的子育て」「親心の涵養」などを称揚する運動であり、「親学推進協会」は親学講座の実施、親学アドバイザーの認定、「親守詩」の普及・推進などを事業としている。高橋の著書でも、「親学」と家庭教育支援法案がイコールとも言えるほど密接に関係していることが明記されている。(8)そしてこの高橋は、日本会議の中核組織である「日本青年協議会」の元幹部である。(9)同様に元幹部である伊藤哲夫は安倍の強力なブレーンとされていて、伊藤が率いる日本政策研究センターは、憲法改正、少子化対策のための結婚奨励などを主要なテーマとして掲げている。(10)

このように濃密に絡まり合った、いわば「極右ネットワーク」のなかに、安倍晋三や自民党を中心とする多数の議員がしっかりと組み込まれているという事実が、何よりも重要である。(11)このネットワークは、集票力とは別の、思想や規範という側面で第二次安倍政権（二〇一七年現在）にきわめて強い影響力を及ぼしている。夫婦別姓や男女共同参画に反対し、男女間および親子間の権威主義的で非対称的な関係性を何よりも是とするこのネットワークが、その是とするあり方に家族と個人を絡め取ろうとしていることが、現在推進されている制度・法案の本質にほかならない。家族という、大半の人々が属する集団を、根底から思うままの形に変えたい、それによって国民を掌握しコントロールしたい、という強い欲望がそこには見いだされる。

さらには、このネットワークの中心的存在と言える安倍晋三が、与党を率いて二〇一五年の安全保障関連諸法に続き「共謀罪」や憲法九条改正をも推進していることは、日本を「戦争できる国」へと生まれ変わらせるという意図を強く持っていることを明らかに示している。それに対して湧き上がるだろう批判・反発を抑え込むためにも、国民を家族のレベルで掌握することが彼らにとって必要なのである。

5　教育をめぐって起きていること

ここで、「子ども」をめぐるもう一つの重要な領域である学校教育に対しても、従来よりもいっそう苛烈な支配が着々と進められていることを、やや長くなるが述べておきたい。ここで注目すべきは、「資質」や「態度」といったさりげない言葉が教育政策のなかで重要な意味を帯びるようになっていることである。

先にも触れた「改正」教育基本法の一条（教育の目的）では、旧法における「教育は、人格の完成を目指し、平和的な国家及び社会の形成者として、真理と正義を愛し、個人の価値をたっとび、勤労と責任を重んじ、自主的精神に充ちた心身ともに健康な国民の育成を期して行われなければならない」という条文が、「教育は、人格の完成を目指し、平和で民主的な国家及び社会の形成者として必要な資質を備えた心身ともに健康な国民の育成を期して行われなければならない」へと変更され、具体的な諸事項の代わりに「資質」という一言に置き換えられている（すべて傍点は引用者）。この「資質」という言葉は、新法五条（義務教育）に新設された二項でも、「義務教育として行われる普通教育は、各個人の有する能力を伸ばしつつ社会において自立的に生きる基礎を培い、また、国家及び社会の形成者として必要とされる基本的な資質を養うことを目的として行われるものとする」と、再び用いられている。

そして、改正後の二条（教育の目標）は、以下のように個条書きの記述になっている。

教育は、その目的を実現するため、学問の自由を尊重しつつ、次に掲げる目標を達成するよう行われるものとする。

一　幅広い知識と教養を身に付け、真理を求める態度を養い、豊かな情操と道徳心を培うとともに、健やかな身体を養うこと。

二　個人の価値を尊重して、その能力を伸ばし、創造性を培い、自主及び自律の精神を養うとともに、職業及び生活との関連を重視し、勤労を重んずる態度を養うこと。

三　正義と責任、男女の平等、自他の敬愛と協力を重んずるとともに、公共の精神に基づき、主体的に社会の形成に参画し、その発展に寄与する態度を養うこと。

四　生命を尊び、自然を大切にし、環境の保全に寄与する態度を養うこと。

五　伝統と文化を尊重し、それらをはぐくんできた我が国と郷土を愛するとともに、他国を尊重し、国際社会の平和と発展に寄与する態度を養うこと。

この二条では、「態度」という言葉が全項目にわたって使われている。ここから読み取れる「改正」教育基本法の性格は、教育を「資質」＝「態度」を形成するためのものとして強力に定義しているということにほかならない。

この「資質」＝「態度」重視の姿勢は、二〇〇七年六月改正の学校教育法で、さらに具体化されている。同法二十一条における「義務教育として行われる普通教育」の目標は、以下のようになっていて、改正前と比べて明らかに「態度」に重点が置かれている。

一　学校内外における社会的活動を促進し、自主、自律及び協同の精神、規範意識、公正な判断力並びに公共の精神に基づき主体的に社会の形成に参画し、その発展に寄与する態度を養うこと。

二　学校内外における自然体験活動を促進し、生命及び自然を尊重する精神並びに環境の保全に寄与する態度を養うこと。

三　我が国と郷土の現状と歴史について、正しい理解に導き、伝統と文化を尊重し、それらをはぐくんできた我が国と郷土を愛する態度を養うとともに、進んで外国の文化の理解を通じて、他国を尊重し、国際社会の平和と発展に寄与する態度を養うこと。（略）

さらに、二〇一七年二月に発表された新しい学習指導要領では、「育成を目指す資質・能力」をまず規定したうえで、それを達成するために「教科・科目」と「学習過程」を学校現場で「社会に開かれた形で」組み立てるという、従来の学習指導要領とは大きく異なる方針が示されている。従来は教育の目標として、主に知的な側面に関する「能力」の形成が中心に置かれてきたのに対して、「改正」された教育基本法と学校教育法、それらに依拠する新学習指導要領では、「能力」と同等もしくはそれ以上に、「資質」＝「態度」の育成に重点が置かれるようになっているのである。

「態度」とは、外面的な振る舞いに現れる心構えを指す言葉である。もともとは生来の素質や才能を意味していた「資質」という言葉が、近年の教育政策では後天的に身につけうる内容まで含むものと解釈されるようになったのは、それが振る舞いや心構えを意味する「態度」と同義で用いられるようになったことによるものと考えられる。この「資質」＝「態度」が、教育政策上のキー概念に据えられるようになったことが意味しているのは、これからの子どもたちは、政府が望ましいと定めた振る舞いや心構えを、従来よりも格段に強力に要請されるようになるということである。「能力」はどうであれ、まずは振る舞いや心構えとしての「資質」＝「態度」という面で政府の要請に従え、というメッセージが、最新の学習指導要領からは強烈に発されている。

これは「極右ネットワーク」が目指してきたことである。日本会議は、公式ウェブサイトに掲載されている「新教育基本法で何ができるようになったか」という記事で、「徳目を「達成目標」と位置付ける条項が新設され、児童・生徒に必ず身につけさせることを義務化した。これによって「学習指導要領」の位置付けが「取り扱うべき内容」から「達成すべき目標」へと変更される」ことに快哉を叫んでいる。[12] 特定の「資質」＝「態度」が、「必ず身につけさせる達成目標」としてすべての子どもに要請されるようになるという、学校教育のあり方をめぐる重大な変革が、すでに粛々と進められているのである。

6　本書の構成

私たちは、いま何が起きているのか、そして何を防ぐべきかについて、しっかりと知り、行動していかなければならない。

この序章で述べてきたことは、現状に対するごく粗いデッサンにすぎない。個別の法案・制度の内実と、その背景に関する詳細な分析については、本章に続く各章に委ねる。以下は第1章から終章までの構成である。

第1章「家庭教育支援法について」（二宮周平）の主題は、家庭教育支援法案である。この法案の理念や実施方法がどのような問題点を含んでいるかが、条文の検討に基づいて指摘される。そして、そのような問題を持つ法案の準備が一部の国会議員によって進められているのは、二〇〇六年の新教育基本法が意図している国家主義的教育を家庭に浸透させる必要性からであることが論証されている。さらに、子どもの権利条約と地方公共団体の家庭教育支援条例についても法案と対比する形での検討をおこない、国と地方公共団体の責務は家庭での子どもの養育や仕事と家庭との両立を可能にするインフラ整備であり、家庭で子どもに特定の資質を身につけさせる教育を国家が強制することではないと結論で指摘している。

第2章「親子断絶防止法について」（千田有紀）では、親子断絶防止法案が検討される。諸外国での先行的な状況について述べたうえで、日本でこの法案を推進している人々の発言などからその考え方の問題点を浮き彫りにする。具体的な条文についても、子どもと同居する親と別居の親がそれぞれ負うべき責任の非対称性、子どもを暴力加害に巻き込む危険性、養育費に関する規定の緩さなど、危惧される点がいくつも指摘される。章全体を通じて、当事者間に高度の葛藤が存在する場合が珍しくない離婚という事態に対して、面会交流を含む特定の「健全な」あり方を強制することの非現実性が強調されている。

第3章「経済政策と連動する官製婚活」（斉藤正美）は、国と地方自治体の官製婚活政策について、それが少子化対策として開始され、地方創生と結び付いた交付金制度の導入によって普及してきた経緯をまずたどっている。そのような動きは、推進者の間の密接な人的ネットワークに支えられている。そうして実施されている官製婚活は、民間の婚活ビジネスに委託が進んでいて、また結婚を超えて出産なども含む「ライフプランニング」へと拡張されつつある。その結果として生み出されているのは、社会全体に結婚と出産を強要する空気である。

第4章「自民党改憲草案二十四条の「ねらい」を問う」（若尾典子）で取り上げるのは、日本国憲法二十四条改正に向けての過去と現在である。家庭内の両性の平等を掲げる先進的な二十四条を修正しようとする政府の動きはその制定直後から生じていたが、実現にはいたらなかった。しかし一九九〇年代に入って選択的夫婦別姓論への攻撃として再浮上し、国家への奉仕を前提とする「家族保護」の必要性が主張されるようになる。自由民主党の改憲草案の条文と、世界人権宣言十六条との比較・検討からは、国防・共助・家族道徳を国民に要請して個人の人権を破壊しようとするその思想が明らかにされる。

終章「イデオロギーとしての「家族」と本格的な「家族政策」の不在」（伊藤公雄）では、本書全体の総括がなされる。西欧における「家族」の法律上の位置づけが検討され、家族の多様性の承認、家族への不可侵、家族の諸権利の保護へと向かう趨勢が確認される。他方の日本では、国家の側の義務としての家族保護はサボタージュされたまま、精神論的な家族主義イデオロギーだけが流布されてきた。家庭教育支援法案も、親子断絶防止法案も、その法律としての具体化だと言える。必要なのは精神論ではなく、「多様な家族の存在の承認と、家族生活の支援のための制度、それを支えるための本格的な家族政策なのだ」と著者は宣言して章を閉じる。

家族と国家、重苦しく絡まり合うこの二つの領域の現状について丹念に記述した各章をぜひひもといていただきたい。そして、私たちすべてに迫りくるものについて、ともに真剣に考え、行動へとつなげていただきたい。それが著者全員の願いである。

注

（1）ジャック・ドンズロ『家族に介入する社会――近代家族と国家の管理装置』宇波彰訳、新曜社、一九九一年
（2）ニコラス・ローズ『魂を統治する――私的な自己の形成』堀内進之介／神代健彦監訳、以文社、二〇一六年

（3）本田由紀『「家庭教育」の隘路――子育てに強迫される母親たち』勁草書房、二〇〇八年

（4）俵義文『日本会議の全貌――知られざる巨大組織の実態』（花伝社、二〇一六年）、木村涼子『家庭教育は誰のもの？――家庭教育支援法はなぜ問題か』（〔岩波ブックレット〕、岩波書店、二〇一七年）など。

（5）中野晃一『右傾化する日本政治』（〔岩波新書〕、岩波書店、二〇一七年）、中北浩爾『自民党――「一強」の実像』（〔中公新書〕、中央公論新社、二〇一七年）、塚田穂高編『徹底検証 日本の右傾化』（〔筑摩選書〕、筑摩書房、二〇一七年）など。

（6）前掲『自民党』

（7）青木理『日本会議の正体』（〔平凡社新書〕、平凡社、二〇一六年）、前掲『日本会議の全貌』、藤生明『ドキュメント日本会議』（〔ちくま新書〕、筑摩書房、二〇一七年）など。

（8）高橋史朗『家庭教育の再生――今なぜ「親学」「親守詩」か。』明成社、二〇一二年

（9）前掲『日本会議の全貌』

（10）日本政策研究センターのウェブサイト掲載の「オピニオン」欄を参照（http://www.seisaku-center.net/）［二〇一七年七月一日アクセス］。

（11）前掲『日本会議の全貌』

（12）「新教育基本法で何ができるようになったか」（https://www.nipponkaigi.org/opinion/archives/1169）［二〇一七年七月一日アクセス］

第1章

家庭教育支援法について

二宮周平

はじめに

二〇一六年十月二十日に自民党が取りまとめた「家庭教育支援法案（仮称）」（未定稿）（以下、未定稿と略記）は、家庭教育に関する国家主義的な考え方が批判を呼んだため、その後いくつかの修正や削除がほどこされた法案（以下、本法案と略記）が作成された（二〇一七年第百九十三回通常国会には未提出）。しかし、削除・修正をしても、本法案が有する本来の意図は変わっていない。

そこで本章では、まず、削除された部分も含む本法案の概要を紹介して、問題点を指摘する（第1節）。一方で文部科学省（以下、文科省と略記）は、二〇〇六年の教育基本法（以下、二〇〇六年法と略記）によって独立の条文とされた「家庭教育」（同法十条）のなかで、家庭教育をおこなうことが困難な状況にある親への具体的な支援を定めているので、その支援のあり方と内容を紹介し本法案の必要性を検討したうえで（第2節）、本法案が準拠している二〇〇六年法の「精神」について、一九四七年教育基本法と対照しながら検討し、本法案が二〇〇六年法の精神を家庭教育にまで徹底する意図を持っていることを明らかにする（第3節）。最後に、比較の視点として、子どもの権利条約と、本法案を先取りするような地方公共団体の条例を取り上げ、支援という名の介入から家庭生活の自由を守ることの重要性を論じたい（第4節）。

１　本法案の概要と問題点

家庭教育支援法の目的

本法案の一条は、「この法律は、同一の世帯に属する家族の構成員の数が減少したこと、家族が共に過ごす時間が短くなったこと、家庭と地域社会との関係が希薄になったこと等の家庭をめぐる環境の変化に伴い、家庭教育を支援することが緊要な課題となっていることに鑑み、教育基本法（平十八法律百二十号）の精神にのっとり、家庭教育支援に関し、基本理念を定め、及び国、地方公共団体等の責務を明らかにするとともに、家庭教育支援に関する必要な事項を定めることにより、家庭教育支援に関する施策を総合的に推進することを目的とする」と定めている。

法律の制定にあたっては、その必要性の根拠になる事実を明示する必要がある。これを立法事実という。本法案は根拠になる事実を家庭環境の変化とするが、例示されているのは、①家族構成員の減少、②ともに過ごす時間の短縮、③家庭と地域社会との関係の希薄化である。家庭環境の変化とはこうしたことに代表されると言えるのか、なぜこれらが家庭教育支援に結び付くのか、立法事実の指摘が説得的ではない。立法する意図、つまり一条の真の目的は、「教育基本法（平十八法律百二十号）の精神にのっとり、家庭教育支援に関する基本理念を定め」ること、国が家庭教育支援に関する必要な事項を定め、施策を推進することにある。以下、そのことを本法案の概要から明らかにしたい。

基本理念

基本理念について、本法案では未定稿の二条二項全文が削除されたが、本法案の本質を明らかにするため、ここでは未定稿を紹介する（傍点は引用者）。

二条一項　家庭教育は、父母その他の保護者の第一義的責任において、父母その他の保護者が子に生活のために必要な習慣を身に付けさせるとともに、自立心を育成し、心身の調和のとれた発達を図るよう努めることにより、行われるものとする。

二項　家庭教育支援は、家庭教育の自主性を尊重しつつ、社会の基礎的な集団である家族が共同生活を営む場である家庭において、父母その他の保護者が子に社会との関わりを自覚させ、子の人格形成の基礎を培い、子に国家及び社会の形成者として必要な資質が備わるようにすることができるよう環境の整備を図ることを旨として行われなければならない。

三項　家庭教育支援は、家庭教育を通じて、父母その他の保護者が子育ての意義についての理解を深め、かつ、子育てに伴う喜びを実感できるように配慮して行われなければならない。

四項　家庭教育支援は、国、地方公共団体、学校、保育所、地域住民、事業者その他の関係者の連携の下に、社会全体における取組として行われなければならない。

二条一項は、後述する二〇〇六年法十条一項とほぼ同じであり、二条四項も、二〇〇六年法十三条に依拠したうえで、範囲を拡大したものである。未定稿が新たに提起した規定は、二項と三項である。ただし、二項でも二〇〇六年法の文言が用いられている。二項は「家庭教育の自主性を尊重しつつ」（①）とするが、それは、二〇〇六年法十条二項「国及び地方公共団体は、家庭教育の自主性を尊重しつつ、保護者に対する学習の機会及び情報の提供その他家庭教育を支援するために必要な施策を講じるよう努めなければならない」からきている。二〇〇六年法では、家庭教育に国や行政が介入するのを防ぐために、「自主性の尊重」が挙げられた。これは、未定稿が二〇〇六年法の精神にのっとっているからには、継承すべき点であり重要な意味を持つ文言である。しかし、本法案では削除された。

二条一項が謳う家庭教育の理念は子自身の成長発達に重点を置くが、二項では、「子に社会との関わりを自覚させ、子の人格形成の基礎を培い」、「子に国家及び社会の形成者として必要な資質が備わる」（②）ようにすることを義務づけている。自覚も人格形成も「国家及び社会の形成者」に結び付く。この文言は、二〇〇六年法一条にも、「教育は、人格の完成を目指し、平和で民主的な国家及び社会の形成者として必要な資質を備えた心身ともに健康な国民の育成を期して行われなければならない」として登場している。しかし、未定稿で注目すべきは、「平和で民主的な」という国家・社会のあり方（理念）を示す語句が消えていることである。代わりに「社会の基礎的な集団である家族」（③）という自民党の「改正憲法草案[1]」の規定と同じ家族の捉え方が挿入されている。

こうした点から、本法案の目的は自民党の「改正憲法草案」にかなう家庭教育実現のための支援ではないかという疑いが生じる。

本法案が②③を削除したのは、こうした意図が疑われることが批判の対象になりかねないと考えたからだろう。しかし、②③が削除されても、後述のように、家庭教育の内容を定めるのは国である。①の削除によって、家庭教育の自主性の尊重という国の介入に対する歯止めがなくなったり、国主導の家庭教育という性格がかえって強調される結果になった。

さらに二条三項は、家庭教育支援の配慮事項として、「子育てに伴う喜び」の実感を挙げる。しかし、子育てに喜びを感じる人、感じにくい人、感じない人など、現実には様々な人がいて感情には個人差がある。子育てに困難を感じて悩む人は、喜びを感じられないのは親として不適格ではないかと自分を責め、さらに悩みを深めるかもしれない。また、子育ては喜びなのだから家庭で担うべき、三歳までは母の手で、といった考え方を助長し、待機待ち児童の問題を解消するための保育所の増設と保育士の待遇改善など現実に要請されている政策の停滞・後退を招くかもしれない。何よりも、法は人の内面に立ち入ってはならない。内心の自由の保障は、国家と個人の関係に関する近代法の基本原理である。法は個人の感情を規定すべきではない。「子育てに伴う喜び」の実感を法文に記すことは、近代法の基本原理に反していて、子育てを喜びとする価値観を強制している。

国と地方公共団体の責務と関係者の努力義務

長くなるが、本法案で挙げられている国と地方公共団体の責務とは以下のようなものである。

ａ 基本理念にのっとった「家庭教育支援に関する施策」の策定と実施

国は「総合的に」（三条）、地方公共団体は「国との連携を図りつつ、その地域の実情を踏まえ」て（四条）、施策の策定と、施策を「実施する責務を有する」。

ｂ 前記「施策が円滑に実施されるよう」「関係者相互間の連携の強化その他必要な体制の整備に努める」（努力義務、七条）。

ｃ 前記施策実施のために「必要な財政上の措置を講ずるよう努める」（努力義務、八条）。

ｄ「家庭教育支援を総合的に推進するための基本的な方針」を定める。文科大臣が、①「家庭教育支援の意義及び基本的な方向」、②「支援の内容」、③その他「支援に関する重要事項」を定め（九条一、二項）、地方公共団体は、前記の「家庭教育支援基本方針を参酌し」、地域の実情に応じて、「基本的な方針を定めるよう努める」（努力義務、十条）。

ｅ「父母その他の保護者に対する家庭教育に関する学習の機会の提供」、「相談体制の整備」その他支援に「必要な施策を講ずるよう努める」（努力義務、十一条）。

ｆ「家庭教育支援に関する人材の確保、養成及び資質の向上に必要な施策を講ずるよう努める」（努力義務、十二条）。

ｇ「地域住民及び教育、福祉、医療又は保健に関し専門的知識を有する者」が「役割を分担しつつ相互に協力して行う家庭教育支援に関する活動に対する支援その他の必要な施策を講ずるよう努める」（努力義務、十三条）。

ｈ「支援に関する取組等について必要な広報その他の啓発活動を行うよう努める」（努力義務、十四条)。

i「家庭をめぐる環境（略）海外における家庭教育支援（略）その他の家庭教育支援に関する調査研究」、「その成果の普及及び活用」、「支援に関する情報」収集とその提供に努める（努力義務、十五条)。

以上のように、a国と地方公共団体の家庭教育支援に関する施策の策定と実施と、d文科大臣による家庭教育支援推進基本方針の定め以外は、すべて努力義務である。その意味で本法案は理念法である。したがって、具体的にどのような家庭教育支援になるのかは不明のままである。具体的な内容は、国と地方公共団体が二条の基本理念にのっとって策定し実施するのだが、その際の基本的な方針（dの①②③）を、文科大臣が、あらかじめ関係行政機関の長と協議して（九条三項）定める。つまり、基本方針も施策も国に決定権があることになる。

さらに本法案は、関係者の努力義務について、二〇〇六年法十三条の規定をさらに拡大している。

j「学校又は保育所の設置者は、基本理念にのっとり、（略）学校又は保育所が地域住民その他の関係者の家庭教育支援に関する活動の拠点としての役割を果た」し、「国及び地方公共団体が実施する」「施策に協力するよう努める」（努力義務、五条)。

k「地域住民等は、基本理念にのっとり、家庭教育支援の重要性に対する関心と理解を深め」、「国及び地方公共団体が実施する」「施策に協力するよう努める」（努力義務、六条)。

ｊ　学校または保育所の設置者も、ｋ　地域住民なども、基本理念にのっとり、国および地方公共団体が実施する施策に協力するよう努める責務、役割を課されている。しかし、その施策の策定にこれら設置者や地域住民などは関与することができない。

基本理念について前述のような重大な疑義がある以上、それにのっとって決定した基本方針や施策についても、疑義があると言えるだろう。それにもかかわらず、地方公共団体も設置者も地域住民も、努力義務とはいえ、それらの定めに従い、協力することが要請される。第４節で紹介するように、先行的に家庭教育支援条例を制定する地方公共団体があるほどである。本法案の最大の問題点は、基本理念の内容と施策、基本的方針の内容を最終的に国が決定することにある。

一方で、文科省は二〇〇六年法に基づき、家庭教育支援についてすでに様々な取り組みをしている。本法案のような法律を作る必要があるのだろうかという根本的な疑念も生じる。

２　文科省が実施する家庭教育支援の推進

家庭教育支援の推進方策に関する検討委員会

文科省は、毎年、「家庭教育支援の推進方策に関する検討委員会」を設置し、そのたびに委員会は報告書を作成している。この委員会の庶務は、文科省生涯学習政策局男女共同参画学習課家庭文援室がおこなっている。二〇一六年六月二十三日生涯学習政策局長決定では、設置の趣旨を次のように記載している(「家庭教育支援の推進方策に関する検討委員会設置要綱」[2])。

核家族化や地域社会のつながりの希薄化等を背景として、子育ての悩みや不安を抱えたまま保護者が孤立してしまうなど、家庭教育が困難な現状が指摘されている。これまで文部科学省では、全ての保護者が安心して家庭教育を行えるよう、地域人材を活用した「家庭教育支援チーム」等による身近な地域における保護者への学習機会の提供や相談対応等の取組、並びに、子供から大人までの生活習慣づくりなどを推進してきたところである。

本検討委員会においては、共働きや経済的な問題などで家庭生活に余裕のない保護者への対応や、「家庭教育支援チーム」型の支援を更に普及させるための方策など、全ての保護者が充実した家庭教育を行うことができるようにするための具体的な推進方策について検討することとする。

同委員会が作成した『家庭教育支援の具体的な推進方策について』(二〇一七年一月)[3]は、家庭教育支援の意義について、「家庭教育は全ての教育の出発点であり、家庭の教育の基盤をしっかり築くことがあらゆる教育の基盤として重要である。父母その他の保護者は、子の教育について第一義的責任を有するものとされている」と記述している(一ページ)。

父母その他の保護者の第一義的責任に言及している点では本法案と同じだが、現状認識は決定的に異なる。報告書は、設置要綱で記述されている保護者の孤立化に加えて、適切な情報を取捨選択する困難さなどから、かえって悩みを深めてしまうこと、「さらに、ひとり親家庭の増加や貧困など、家庭教育を行う上で困難な条件がいくつも指摘されている」ことに言及し、「今日の社会は、家庭教育を行うことが困難な社会ということができる」としたうえで、「家庭環境の多様化の中で、子供が学校生活に容易に適応できないといった困難を抱える家庭が増えていること」「家庭教育に学校教育の前段階としての役割を果たすことが求められるなど」、家庭教育への期待は高まっているとする。そして「家庭教育支援は、広く全ての家庭の家庭教育の試みに対する応援としてのユニバーサルな展開と、同時に困難を抱えた家庭のそれぞれの個別の事情に寄り添う支援が求められている」と記述している（一ページ）。

したがって、「全ての親の親としての学びや育ちを応援することが、家庭教育支援の基本」となる（四ページ）ため、「家庭教育支援チーム」の活動の意義と課題を詳述する（七ページ以下）。文科省「家庭教育支援の推進に関する検討委員会」の報告書『つながりが創る豊かな家庭教育――親子が元気になる家庭教育支援を目指して』（二〇一二年三月）[4]では、家庭教育支援のあり方の基本的な方向性として、「親の育ちを応援する、家庭のネットワークを広げる、支援のネットワークを広げる」が挙げられていて（二六ページ）、これ以降の家庭教育支援の推進方策に関する検討委員会でもこの方向が継承されていることがわかる。

他方、家庭教育支援に関わる地域の多様な主体として、「学校、家庭、地域のそれぞれの役割分担において、特定の部分に過度な負担を強いることのないように留意する必要がある」とし、「とくに子供たちの課題を解決するために福祉分野を始めとした教育以外の部門との連携が求められる」ことを指摘する（二〇一七年一月の報告書二ページ）。

家庭教育支援の最近の動向

二〇一六年五月二十三日に文科省・生涯学習政策局男女共同参画学習課が公表した「家庭教育支援の最近の動向(5)」によれば、家庭教育支援のために次のような取り組みがなされている。

第一に、二〇一六年度は五十二億四千六百万円の予算を設けて、学校・家庭・地域の連携協力推進事業をおこなった。具体的には、子育てサポーターなどの地域人材の育成や、家庭教育支援チームの組織化、小学校への家庭教育支援員の配置のほか、学習機会の効果的な提供および訪問型家庭教育の支援のために、相談を受けたり、情報提供をおこなっている。

第二に、新規の事業として、地域の人材を活用したり学校と連携する形で、訪問型家庭教育支援をおこなっているが、ここには二千八百万円の予算を計上している。この取り組みの背景として、前述の公表文書は、子育てについての悩みや不安を抱えていたり、経済的困難、児童虐待、不登校など主体的な家庭教育が困難になっている家庭があることを指摘し、この事業はそうした家庭や子どもを地域で支えることを目的としているとする。主体的な家庭教育が困難になっている家庭とは、ひとり親家庭や経済的問題を抱えて生活に余裕がない家庭であり、そうした家庭が地域のつながりの希薄化などのせいで、問題を抱え込んだまま孤立しがちだと指摘する。家庭と子どもを地域で支えるために、訪問型支援をおこなう地域人材の発掘・養成をおこなうとともに、こうした人たちに活動の場を提供し、スクールソーシャルワーカーがそうした地域人材や保健・福祉部局などと協働して家庭教育支援チームなどを構築することが、訪問型家庭教育支援体制の推進事業である。

すでに『訪問型家庭教育支援のための関係者の手引き』（二〇一六年三月）[6]が作成されていて、これを実施している地域では、「指導せず、評価せず、頑張れと言わず、寄り添う」ことや、「頑張りをほめる」ことなどを大切にしていることを挙げ（一五ページ）、家庭訪問の結果、深刻な課題が発見されてチームによる相談対応などの活動だけでは不十分と判断される場合には、各ケースに応じて専門機関につなぐことを指示している（一四ページ）。

家庭教育と家庭教育支援

前述の『つながりが創る豊かな家庭教育』は、家庭教育とは、「父母その他の保護者が、子どもに対して行う教育」だと定義し、家庭教育は、「乳幼児期からの親子の愛情による絆で結ばれた家族とのふれ合いを通じて、子どもが基本的な生活習慣・生活能力、人に対する信頼感、豊かな情操、他人に対する思いやりや善悪の判断などの基本的な倫理観、自立心や自制心、社会的なマナーなどを身につける上で重要な役割を」担っていて、さらに「人生を自ら切り拓いていく上で欠くことのできない職業観、人生観、創造力、企画力といったものも家庭教育の基礎の上に培われる」ものだとする（六ページ）。

ただし、家庭は家族が共同生活を営む場であり、家庭教育は、団欒や共同経験など愛情に支えられた生活の営みのなかでおこなわれるものなので（六ページ）、国と地方公共団体の責務として、保護者に対する学習の機会と情報の提供など、家庭教育を支援するための必要な施策を講じるにあたっては、「行政が各家庭における具体的な教育の内容を押しつけることのないよう、留意する必要があります」（七ページ）として、家庭教育の「支援」が介入にならないよう明記されている。あくまでも各家庭の自主性を尊重し、家庭教育の困難な当事者への支援を中心に施策を組み立て、実施するとしている。

またこの報告書は、国の役割は、「社会動向を踏まえて家庭教育支援の目指す方向性とそのための方策を検討し、示していく」ことだとし、必要な調査研究、地方自治体や関係者との意見交換、情報共有をおこないながら施策を進め、家庭教育支援の優れた取り組みは全国的に普及を図るとしている（二二―二三ページ）。

以上のように、文科省が進めている家庭教育支援は、問題を抱える家庭への対症療法が中心である。家庭が私的な場であることを認識し、国の介入と国の果たすべき役割は限定されなければならないことをはっきりと述べている。未定稿にあった「国家及び社会の形成者としての資質」（②）という国家的な理念も、家族が「社会の基礎的な集団である」（③）という家族観も一切登場しない。本法案の提案者は、こうした文科省の家庭教育支援のあり方では、二〇〇六年法で示されたと（彼らが解釈する）精神が家庭教育で実現されないと考えたのではないだろうか。

３　二〇〇六年法の精神

一九四七年教育基本法の理念

二〇〇六年法で全面改正される前の一九四七年制定の教育基本法（一九四七年三月三十一日法律二十五号）は、次のような前文を定めていた。

われらは、さきに、日本国憲法を確定し、民主的で文化的な国家を建設して、世界の平和と人類の福祉に貢献しようとする決意を示した。この理想の実現は、根本において教育の力にまつべきものである。

われらは、個人の尊厳を重んじ、真理と平和を希求する人間の育成を期するとともに、普遍的にしてしかも個性ゆたかな文化の創造をめざす教育を普及徹底しなければならない。

ここに、日本国憲法の精神に則り、教育の目的を明示して、新しい日本の教育の基本を確立するため、この法律を制定する。

一九四七年五月三日、高橋誠一郎文部大臣は、教育基本法制定の要旨（昭二十二年五月三日文部省訓令四号）で、「この法律は、日本国憲法と関連して教育上の基本原則を明示し、新憲法の精神を徹底するとともに、教育本来の目的の達成を期した」[7]と述べている。大江健三郎は、敗戦後二年たって村にできた新制中学校に入学した際、憲法の教科書が届かないまま、同じ年にできた教育基本法をノートに写した。彼が好きだったのは、「個人の尊厳を重んじ、真理と平和を希求する人間の育成を期するとともに、普遍的にしてしかも個性ゆたかな文化の創造をめざす教育」という文章だったという[8]。ここには日本国憲法と教育基本法を一体のものと考えた当時の人々の強い思いが感じられる。民主的で文化的な国家を建設して、世界の平和と人類の福祉に貢献しようとする理想の実現は、「根本において教育の力にまつべきもの」であるとは、そういう意味だろう。

したがって、一条（教育の目的）では、「教育は、人格の完成をめざし、平和的な国家及び社会の形成者として、真理と正義を愛し、個人の価値をたつとび、勤労と責任を重んじ、自主的精神に充ちた心身ともに健康な国民の育成を期して行われなければならない」と規定し、二条（教育の方針）では、「教育の目的は、あらゆる機会に、あらゆる場所において実現されなければならない。この目的を達成するためには、学問の自由を尊重し、実際生活に即し、自発的精神を養い、自他の敬愛と協力によって、文化の創造と発展に貢献するように努められなければならない」と規定する（傍点は引用者）。「自主的精神」「学問の自由の尊重」「自発的精神」などのように、「自主性」に関わる言葉を繰り返し、教育が国の押し付けにならないよう国として保障しようとしていた。

他方、一九四七年教育基本法制定当時の委員会では、「よき日本人の育成、祖国観念の涵養といった観点」「奉仕的精神に満ちた国民の養成という観点」が欠けているのではないかという質疑があった。これらの意見に対しては、「個性ゆたかな文化の創造」という文言を、「日本の国民性の十分に現はれた所の文化の創造と云ふ意味」に解釈していること、「国民として特に教養すべき点」として「勤労と責任を重んじ、自主的精神に充ちた」と掲記したこと、あらゆる徳目は「人格の完成」のなかに包含されていること、「国家及び社会の形成者」には、「構成者」の意味もあり、奉仕の点は、「勤労と責任を重んじ」に現されていることなどを挙げて反論が展開されている。[9]こうした論議から、一九四七年教育基本法制定の要旨（文部省訓令四号）には、「国家及び社会への義務と責任を軽視するものではない」と明記され、一条（教育の目的）の「平和的な国家及び社会の形成者」や「勤労と責任を重んじ」といった文言で表されているとの政府の見解が示されていた。

一九四七年教育基本法の「改正」

教育基本法改正の正式な検討は、第一回「与党教育基本法に関する協議会」開催（二〇〇三年五月十二日）に始まり、「教育基本法に盛り込むべき項目と内容について（中間報告）」（二〇〇四年六月十六日）を経て、二〇〇六年四月二十八日、第三次小泉純一郎内閣のもとで閣議決定し、国会提出がされた後、十二月十五日、第一次安倍晋三内閣のもとで、教育基本法（法律百二十号）として成立して、二十二日に施行された。前文は次のような内容になった（傍点は引用者）。

我々は、たゆまぬ努力によって築いてきた民主的で文化的な国家を更に発展させるとともに、世界の平和と人類の福祉に貢献することを願うものである。

我々は、この理想を実現するため、個人の尊厳を重んじ、真理と平和を希求し、公共の精神を尊び、豊かな人間性と創造性を備えた人間の育成を期するとともに、伝統を承継し、新しい文化の創造を目指す教育を推進する。

ここに、我々は、日本国憲法の精神にのっとり、我が国の未来を切り拓く教育の基本を確立し、その振興を図るため、この法律を制定する。

一九四七年法との違いは、目指すべき人間像の説明のなかに、「個人の尊厳を重んじ、真理と平和を希求し」だけでなく「公共の精神を尊び」が挿入され、教育の部分では、「普遍的にしてしかも個性ゆたかな文化の創造をめざす教育」が、「伝統を承継し、新しい文化の創造を目指す教育」に変更された。「公共」「伝統」という文言は、個別の条文のなかでも繰り返されている。教育の目的の普遍性よりも日本の固有性が強調されているのである。

一条（教育の目的）は、「教育は、人格の完成を目指し、平和で民主的な国家及び社会の形成者として必要な資質を備えた心身ともに健康な国民の育成を期して行われなければならない」となった。一九四七年法一条に規定されていた「真理と正義を愛し、個人の価値をたつとび、勤労と責任を重んじ、自主的精神に充ちた」は削除され、そのいくつかは、二条（教育の目標）に移動した。「真理を求める態度」（一号）、「個人の価値を尊重して」（二号）、「職業及び生活との関連を重視し、勤労を重んずる態度」（二号）であり、「自主的精神に充ちた」は、「自主及び自律の精神を養う」に修正された。なお六条（学校教育）の二項では「学校生活を営む上で必要な規律を重んずる」との規定が新設されていて、自主的であることよりも自律・規律が強調されている。

二条（教育の目標）では、教育の目的を実現するために「学問の自由を尊重しつつ、次に掲げる目標を達成するよう行われるものとする」として、五つの事項が挙げられているが、三号で「正義と責任、男女の平等、自他の敬愛と協力を重んずるとともに、公共の精神に基づき、主体的に社会の形成に参画し、その発展に寄与する態度を養うこと」として、前文にあった「公共の精神」がここでも繰り返され、かつ社会の形成への参画という形で義務的・責任的要素が強化された。

さらに五号では、「伝統と文化を尊重し、それらをはぐくんできた我が国と郷土を愛するとともに、他国を尊重し、国際社会の平和と発展に寄与する態度を養うこと」が規定された。改正の議論の段階から、愛国心教育ではないかとの批判があった点である。当時の国会の質疑ではこの批判に対し、以下のような答弁がされている。グローバル化が進展する国際社会を生き抜いていくうえでは、「我が国」の伝統・文化についての理解を深め、尊重し、それらを育んできた国や郷土を愛する日本人を育成すべきであり、その場合、「我が国」とは、歴史的に形成されてきた国民、国土および伝統・文化からなる、歴史的かつ文化的共同体をさすのであって、愛国心の名の下に個人の尊厳が破壊されていた戦前の状態に戻ることなどは毛頭考えていない、と。[10]

加藤周一は、「国の場合にかぎらず、その対象が何であっても（略）「愛」は外から強制されないものであり、計画され、訓練され、教育されるものでさえもない。ソロモンの「雅歌」にも「愛のおのずから起こる時まで殊更に喚起し且つ醒ますなかれ」という（第二章七、第八章四）。「愛」は心のなかに「おのずから起こる」私的な情念であり、公権力が介入すべき領域には属さない。愛国心も例外ではない。それを国家が「殊更」に「喚起」しようとするのは、権力の濫用であり、個人の内心の自由の侵害であり、「愛」の概念の便宜主義的で軽薄な理解にすぎないだろう」と述べている。加藤は愛国心そのものは否定しないが、それが強制されることには反対する。「祖国への愛は情念である。自己批判は理性の働きである。理性的に統御されない情念は、しばしば自己陶酔を推し進めて、どこまで行くかわからない。愛国心は容易に排他的ナショナリズムになるだろう。その結果がどうなり得るかは、われわれのよく知るとおりである[11]」

参議院本会議で、安倍首相は、「我が国と郷土を愛する態度を養うため、学校教育では、我が国や郷土の発展に尽くした先人の働きや、我が国の文化遺産や伝統芸能などについて調べたり体験したりすることを通じて、我が国の歴史や伝統文化に対する理解と愛情をはぐくむ指導が今後より一層行われるよう努めてまいります[12]」と答弁している（二〇〇六年十一月十七日）。学校教育で日本の歴史を批判的に検証することはより困難になったと言えるだろう。

二〇〇六年十二月十五日には、安倍首相は次の談話を発表した。

昭和二十二年に制定された教育基本法のもとで、戦後の教育は、国民の教育水準を向上させ、戦後の社会経済の発展を支えてまいりました。一方で、制定以来既に半世紀以上が経過し、我が国をめぐる状況は大きく変化し、教育においても、様々な問題が生じております。このため、この度の教育基本法改正法では、これまでの教育基本法の普遍的な理念は大切にしながら、道徳心、自律心、公共の精神など、まさに今求められている教育の理念などについて規定しています。

この改正は、将来に向かって、新しい時代の教育の基本理念を明示する歴史的意義を有するものであります。本日成立した教育基本法の精神にのっとり、個人の多様な可能性を開花させ、志ある国民が育ち、品格ある美しい国・日本をつくることができるよう、教育再生を推し進めます。学校、家庭、地域社会における幅広い取組を通じ、国民各層の御意見を伺いながら、全力で進めてまいる決意です。(13)

「美しい国・日本をつくる」ことを強調しているが、一九四七年教育基本法が謳っていた「個人の尊厳を重んじ、真理と平和を希求する人間の育成を期するとともに、普遍的にしてしかも個性ゆたかな文化の創造をめざす教育」のような教育の普遍性への言及はない。内向きの視点に基づいて、日本の固有性を強調した教育基本法になっている。

大江は、「憲法九条の実質的な廃棄が完成されてゆくのにさきだって、いかにも露骨な生々しさで「教育基本法」が改められる。政府与党の提出している改訂案にあからさまな方向づけが、サイード〔エドワード・サイードのこと：引用者注〕の表現をあらためて用いれば、「文化のアイデンティティーと国家的アイデンティティーがひとつにな」ることを画策するものだ(14)」と批判している。

家庭教育

こうした構造のなかで、家庭教育（十条）が規定された。もともと「家庭教育」という言葉は一九四七年教育基本法七条の「社会教育」のなかに出てくるだけだったが、二〇〇六年法はこの言葉を新たに定義し、父母その他保護者の責任に属するものとした。

十条一項は、「父母その他の保護者は、子の教育について第一義的責任を有するものであって、生活のために必要な習慣を身に付けさせるとともに、自立心を育成し、心身の調和のとれた発達を図るよう努めるものとする」とし、二項は、「国及び地方公共団体は、家庭教育の自主性を尊重しつつ、保護者に対する学習の機会及び情報の提供その他家庭教育を支援するために必要な施策を講じるよう努めなければならない」とする。

また十三条は、「(学校、家庭及び地域住民等の相互の連携協力)」との表題のもと、「学校、家庭及び地域住民その他の関係者は、教育におけるそれぞれの役割と責任を自覚するとともに、相互の連携及び協力に努めるものとする」と規定する。

国会では、家庭教育に国が介入することにならないかとの質疑があった。それに対しては、家庭教育は、本来保護者の自主的な判断に基づいておこなわれるべきことから、二項で自主性を尊重することを明示的に規定しているし、個々の家庭での具体的な教育内容については規定していない、と答弁されている。また、家庭教育や社会教育は、その実施主体の責任のもと、本来自主的におこなわれる教育であり、具体的にどのような教育をおこなうかについては、その教育をおこなう者にゆだねられている、と述べて、国の介入の危険性を否定している。[15]

しかし、学習の機会および必要な情報の提供など家庭教育を支援するために必要な施策を講じるのは、国と地方公共団体である。学校、家庭、地域住民その他の関係者は、それぞれの役割と責任を自覚して、連携協力するようにと定められている。学習の機会、情報の提供とはどのような内容でどのような支援なのか、どのような役割と連携協力なのかは、教育基本法自体が理念法であるため、明示されていない。二〇〇六年法は、「公共の精神を尊ぶ」人間像、「伝統を承継し、新しい文化の創造を目指す教育」という点を強調し、伝統と文化を「はぐくんできた我が国と郷土を愛する」ことを定めている。そのため、家庭教育に、特定の価値観を教え込むよう義務づけることになるのではないか——例えば、国歌・国旗の強制、親や目上の人への服従、日本文化・伝統の優越という排他的なナショナリズムにつながるのではないか——などの危惧が生まれる。二〇〇六年法は一九四七年教育基本法一条にあった「自主的精神に充ちた」と、二条にあった「自発的精神」を削除しているのだから、政府答弁で「自主性を尊重する」といかに述べようとも、法文で保障されていないかぎり、守られるかどうかは確実ではない。

二〇〇六年法改正を推進した人たちが、大江の表現を借りれば、「文化のアイデンティティーと国家的アイデンティティーがひとつになる」ことを目指し、「計画し、仕込み、ひとつの方針の教育をして、社会の仕組みや経済にそのまま ついて来る国民を育て」、「国家につかえる国民を作ろう」としていたとするならば[16]、家庭教育もその一環として位置づけられているはずである。しかし、第2節で紹介した文科省の施策では、国家主義的教育の家庭への浸透——家庭を国家に従属させること——を実現することができない。だからこそ、本法案を作成する必要があったのである[17]。未定稿の基本理念にあった「家庭教育の自主性を尊重しつつ」を削除したことにもそれは現れている。文科大臣が基本方針を定めると本法案が規定したことによって、家庭教育への国の介入が許されることになったのである。

4　比較の視点――子どもの権利条約と地方公共団体の家庭教育支援条例

最後に、子どもの権利条約と比較することで、本法案の問題性を再確認したい。子どもの権利条約は、教育を「学校教育」（教科教育）と位置づけていて、本法案二条一項で謳う「子に生活能力ために必要な習慣を身につけさせる」ことや、「自立心を育成し、心身の調和のとれた発達を図る」ことを家庭で教育することを想定していない。家庭は私的な領域であり、多くの場合、子どもを褒めたり、叱ったり、励ましたり、宿題を手伝ったりなどしながら、その成長を助けている。それは「教育」というよりも、「養育」「子育て」だと考える。それにもかかわらず、地方公共団体のなかには、本法案を先取りするような家庭教育支援条例を制定したところもある。それらは、支援という名の下に、家庭を国家主義的な教育の一機関として取り込む危険性をはらんでいる。支援と介入は区別されなければならない。

子どもの権利条約

子どもの権利条約（以下、条約と略記）が規定する子の養育、教育の内容は、次のとおりである。十八条は、父母の養育責任および国の援助について規定する。

一項　締約国は、児童の養育及び発達について父母が共同の責任を有するという原則についての認識を確保するために最善の努力を払う。父母又は場合により法定保護者は、児童の養育及び発達についての第一義的な責任を有する。児童の最善の利益は、これらの者の基本的な関心事項となるものとする。

二項　締約国は、この条約に定める権利を保障し及び促進するため、父母又は法定保護者が児童の養育についての責任を遂行するに当たりこれらの者に対して適当な援助を与えるものとし、また、児童の養護のための施設、設備及び役務の提供の発展を確保する。

二〇〇六年法や本法案が規定する「父母その他の法定保護者の第一義的責任」、父母その他法定保護者への支援は、条約十八条に由来すると言えるが、条約が定めるのは、「養育及び発達」である。生活習慣を身につけさせること、自立心の育成、心身の調和がとれた発達は、まさに「養育及び発達」の領域であり、条約によれば、父母などが自己の責任でこれらを担い、担えない場合に国が援助するものである。文科省の家庭教育支援の施策はそのかぎりで、条約に沿ったものと言える。しかし、条約ではこれを「養育及び発達」としているのに対し、本法案は「家庭教育」と定義し、教育の領域に属するものとしてしまっている。そのため、国家が推奨する価値観が、家庭での教育の義務として押し付けられる危険性が生まれてしまうのである。そもそも「養育」と「教育」は本来区別されるべきだと言える。

国が子どもに保障するのは、基本的に「学校教育」である。条約二十八条一項は、教育についての子どもの権利を認めているが、二十九条一項は、教育の目的について、次のように規定する。

締約国は、児童の教育が次のことを指向すべきことに同意する。
(a) 児童の人格、才能並びに精神的及び身体的な能力をその可能な最大限まで発達させること。
(b) 人権及び基本的自由並びに国際連合憲章にうたう原則の尊重を育成すること。
(c) 児童の父母、児童の文化的同一性、言語及び価値観、児童の居住国及び出身国の国民的価値観並びに自己の文明と異なる文明に対する尊重を育成すること。
(d) すべての人民の間の、種族的、国民的及び宗教的集団の間の並びに原住民である者の間の理解、平和、寛容、両性の平等及び友好の精神に従い、自由な社会における責任ある生活のために児童を準備させること。
(e) 自然環境の尊重を育成すること。

二十九条二項は、個人と団体が教育機関を設置・管理する自由を保障するが、一項に定める原則が遵守されることを条件とする。教育勅語を読ませるようなことは、条約違反の教育をしていることになる。それほどこの五つの事項が持つ意味は大きい。

二〇〇六年法も文言はともかく、(a)(b)(c)を教育の目標として定めている。しかし、伝統と文化を「はぐくんできた我が国と郷土を愛する」ことを優先する規定は、「他国を尊重し、国際社会の平和と発展に寄与する」という文言が補足されているとはいえ、文化的相対性、相互的な理解、寛容に関わる(c)(d)に反するおそれが高い。

国民には保護する子女に普通教育を受けさせる義務があるが（憲法二十六条二項）、家庭は教育の代替機関ではない。まして未定稿の基本理念「国家及び社会の形成者として必要な資質」を身につけさせることは家庭の責務ではないし、条約二十九条の観点からは、国の責務でもない。子どもの権利条約に準拠すれば、家庭教育支援は、現在、文科省が取り組んでいる養育困難な家庭への支援にとどめるべきあり、それは着実に実施されているのだから、本法案を制定する必要はない。

家庭教育支援条例

二〇一二年十二月以降、地方公共団体で家庭教育支援条例制定の動きがある。制定順にみると、都道府県では、熊本県（二〇一二年十二月）、鹿児島県、静岡県、岐阜県、徳島県、宮崎県、群馬県、茨城県（二〇一六年十二月）、市町村では、加賀市（石川県、二〇一五年六月）、千曲市（長野県）、和歌山市（和歌山県）、南九州市（鹿児島県）、豊橋市（愛知県、二〇一七年三月）などである。

これらの条例と未定稿との相違は、第一に、家族の位置づけにある。条例には家族が社会の基礎的な集団であるという規定はない。第二に、条例なので、国家と社会の形成者として必要な資質を身につけさせるなどといった規定はない。他方で、第三に、事業者の役割として、「従業員の仕事と家庭生活の両立が図られるよう必要な就業環境の整備等に努めるものとする」（静岡県・和歌山市など）など、家庭教育の前提として、仕事と家庭の両立支援が位置づけられている。一方で、条例に共通しているのは家庭教育の目的として「自制心」に言及していることである。一九四七年教育基本法が規定しているような「自主的精神」「自発的精神」の文言はなく、教育を受ける者の主体性は示されていない。総体として見ると、本法案が推し進めようとしている家庭教育の浸透に地方公共団体が協力する図式であり、家庭生活へ介入する側面が強い。

しかし、支援と介入は違う。例えば、本書第2章の「親子断絶防止法について」で千田有紀が取り上げる親子断絶防止法について、私見は別の見方をしている。DV（ドメスティックバイオレンス）事案でなくても、離婚後、子どもと同居している親が、別居している親と子どもの交流（面会交流）をかたくなに拒否するケースもある。この法案は、別れた子どもに会えない親の側に立って面会交流の実現を図ろうとするものであり、これまで放置されてきた立法的な課題を指摘している点で、全面否定できないと考えるからである。

最新のデータである厚労省『全国母子世帯等調査結果報告』（二〇一一年）によれば、ひとり親世帯で子どもが別居する親と面会しているかどうかの調査では、「子と別居している父との面会交流が続いている」が二七・七パーセント、「子と別居している母との面会交流が続いている」が三七・四パーセントである。多くの子どもたちが離婚後、別居親と交流ができていない。別居親と子どもとの円満で継続的な交流は、親と子の絆を保つうえで重要であり、子どもも別居親が自分を見捨てていないことを確信できる。子どもは家族や様々な人たちとの交流を通じて、愛情と信頼の大切さを体験し、自尊感情を抱き、他者を愛し信頼することができる力を育てていく。また、子どもによっては、両親の離婚は自分のせいではないかとの罪悪感にとらわれることがあるが、別居親との安定した交流は、そうした心の傷を防ぐことができる。したがって、離婚後も親子が関係を絶やさないようにするために、別居親との交流維持を規定した法律案には、その点では正当性がある。しかし、親子関係はかくあるべきだという理念を定めて、それを子どもと同居する親の側に強要するのは、私的領域への国の介入にほかならない。

実際には、夫婦関係の破綻から離婚にいたる過程で、夫婦の葛藤が高まり、相互の信頼関係を失い、相手の顔も見たくないという事態にまで達する夫婦もいる。一方の威圧的な言動に恐怖心を抱く場合もある。そうした夫婦が離婚後の面会交流に協力的になるのは難しい。しかし、面会交流を支援する第三者機関が間に入り、子の受け渡し、付き添い、連絡・調整などのサポートをすることで、離れて暮らす親と子の交流を維持し、継続する可能性が生まれることもある。[18]現在、こうした第三者機関や団体の活動を支える法律はない。求められているのは、こうした取り組みをする団体を財政的にも保障する法律である。それは、離婚後の親子の継続的な関係の維持について当事者を支援することにつながる、まさに支援のための法律である。

家庭教育（前述のとおり、私見では養育と呼ぶべきだが）の支援とは、文科省が進めてきたような個別対応でしか実現しない。根本的には、保育所の増設、保育士の待遇改善、いわゆる学童保育の拡充、小中高教員の増員などのインフラ整備であり、さらに抜本的には、仕事と家庭の両立を可能にする労働条件の確保、経済的格差の縮小など社会のあり方を改革していくことである。[19]国と地方公共団体の責務はここにある。支援という名のもとに「家庭」に介入することではない。

注

（1）本書第4章「自民党改憲草案二十四条の「ねらい」を問う」（若尾典子）を参照。

（2）文部科学省「家庭教育支援の推進方策に関する検討委員会設置要綱」（http://www.mext.go.jp/b_menu/houdou/28/07/attach/1373823.htm）［二〇一七年七月一日アクセス］

（3）文部科学省のウェブサイト「家庭教育支援の推進方策に関する検討委員会」に掲載された「家庭教育支援の具体的な推進方策について」（http://www.mext.go.jp/component/a_menu/education/detail/__icsFiles/afieldfile/2017/04/03/1383700_01.pdf）［二〇一七年七月一日アクセス］を参照。

（4）文部科学省のウェブサイト「家庭教育支援の推進方策に関する検討委員会」に掲載された報告書「つながりが創る豊かな家庭教育――親子が元気になる家庭教育支援を目指して」（http://www.mext.go.jp/b_menu/houdou/24/03/__icsFiles/afieldfile/2012/03/29/1319222_1_1.pdf）［二〇一七年七月一日アクセス］を参照。

（5）文部科学省「家庭教育支援の最近の動向」一―三ページ（http://www.mext.go.jp/b_menu/shingi/chukyo/chukyo2/siryou/__icsFiles/afieldfile/2016/06/06/1371767_3_1.pdf）［二〇一七年七月一日アクセス］

（6）同資料六―二九ページ

（7）文部科学省のウェブサイト「教育基本法資料室へようこそ!」（http://www.mext.go.jp/b_menu/kihon/data/index.htm）から「参考資料」、そして「昭和二十二年教育基本法制定時に経緯等に関する資料」とたどり、「帝国議会における各条文案に関する主な答弁」（http://www.mext.go.jp/b_menu/kihon/about/003/a003_04.htm）［二〇一七年七月一日アクセス］を参照。

（8）大江健三郎「もう一度、新しく」『「伝える言葉」プラス』（朝日文庫）、朝日新聞出版、二〇一〇年、一八ページ
（9）注（7）と同様にたどり、「教育基本法制定の要旨（訓令）」（http://www.mext.go.jp/b_menu/kihon/about/003/a003_05.htm）［二〇一七年七月一日アクセス］を参照。
（10）注（7）と同様にたどり、「国会ではどのような議論があったの？」をへて「教育基本法改正に関する国会審議における主な答弁」三二、三四、三五、三七ページ（http://www.mext.go.jp/b_menu/kihon/discussion/07011611.pdf）［二〇一七年七月一日アクセス］。
（11）加藤周一「愛国心について」『夕陽妄語3』（ちくま文庫）、筑摩書房、二〇一六年、三〇八―三〇九ページ（初出：「朝日新聞」二〇〇六年三月二十二日付）
（12）前掲「教育基本法改正に関する国会審議における主な答弁」三七ページ
（13）注（7）と同様にたどり、「教育基本法改正法成立を受けての内閣総理大臣の談話」（http://www.mext.go.jp/b_menu/kihon/houan/siryo/06121913.htm）［二〇一七年七月一日アクセス］を参照。
（14）大江健三郎「教育の力にまつべきものである」、前掲『「伝える言葉」プラス』一五五ページ
（15）前掲「教育基本法改正に関する国会審議における主な答弁」二一、六〇、六一ページ
（16）大江健三郎『定義集』（朝日文庫）、朝日新聞出版、二〇一六年、五五ページ
（17）二〇一二年四月、安倍晋三が会長を務めていた親学推進議員連盟は、家庭教育支援のための法律制定を目指していたことがある。また改憲運動を展開している日本会議が、三世代同居の『サザエさん』一家を理想として、憲法二十四条を改正すべきという主張をしている。特定の親子のあり方や家族像を押し付ける点で、本法案と共通する。
（18）面会交流支援団体の活動や取り組みについては、二宮周平編『面会交流支援の方法と課題――別

居・離婚後の親子へのサポートを目指して』（法律文化社、二〇一七年）を参照されたい。
(19) 前掲「つながりが創る豊かな家庭教育」では、多様化する家庭が抱える様々な課題として、ひとり親家庭の相対的貧困率、児童虐待対応件数、東日本大震災被災者の家庭などを取り上げ、自然な教育的な営みが困難になった要因として、長時間労働など働き方の問題、子どもの遊び集団が身近な地域で成立しにくくなっていることや子育て家庭の社会的孤立などを指摘している（三―六ページ）。

第2章

親子断絶防止法について

千田有紀

はじめに

近代社会に入って、結婚や離婚などの事柄が、共同体的な色彩を持つものから、プライベートな事柄になったことは周知の事実である。それでは完全に個人に任されているかといったら、そうではない。

近代国家にとって、「人口」は重大な関心事である。近代以前に気軽になされていた捨て子や里子、堕胎や間引きなどは、大切な国民の「浪費」だと考えられるようになった。近代国民国家は、人口を増やすための再生産の拠点、つまりは家族とそこにおけるジェンダーやセクシュアリティに熱いまなざしを向けるようになった。

セクシュアリティは子どもを作るためのものになり、一夫一婦制が推奨され、科学を動員して「正しいセクシュアリティ」が推奨された。同性愛や結婚に結び付かない性行動が（建前上は）忌避されるようになった。建前上というのは、現実に男性は、婚外での性行動の自由があったからである。女性は「二流の国民」ではあったが、将来の「国民」を生み育てることで、社会的・国家的存在になるとされた。

こうして結婚や家庭、特に子どもを産み育てる女性の身体が国家的関心の対象になってきたが、日本ではすっかり忘れられていたかのように見える領域がある。それは、結婚後に起こるかもしれない離婚である。国民のほとんどが結婚し、離婚が大きなスティグマとなり、みなが「家庭内別居」や「仮面夫婦」で我慢していた時代には、離婚は一部の限られた人の問題にすぎなかった。

そもそも第二次世界大戦前には女性が親権を得ることさえできず、妻は跡継ぎとなる子どもを置いて家を出ていかされた。戦後になって民法が改正され、女性が親権を得ることができるようになってからは、女性が親権を持つ離婚が徐々に増加していった。ほとんどの人が結婚する皆婚社会では、収入がありさえすれば男性の再婚は比較的容易だった。再婚するためには、子どもがいないほうがむしろ好都合でさえあった。母子家庭の差別や貧困に焦点が当てられることはそれほど多くはなかった。

ところが一九九〇年あたりを境に、にわかに少子化が日本の社会問題になった。八〇年代には晩婚化だと思われていた問題は、どうやら未婚化によるものだと考えられるようになったのである。二〇一五年の国勢調査の結果では、五十歳の時点で結婚経験がない人の割合である生涯未婚率は、男性で二三・三七パーセント、女性で一四・〇六パーセントである。つまり男性の四人に一人、女性の七人に一人は、生涯を未婚のまま過ごす。現在では、結婚活動、「婚活」という言葉が作られるほどに、結婚自体が難しいものだと考えられている。ちなみに四組に一組は、妊娠が先行する「できちゃった結婚」である。人は子どもができるというきっかけがなければ、結婚しなくなってきている。結婚の利点は、男女とも「家族や子どもをもてる」(1)ことである。そして離婚率も増加して、いまや三組に一組が離婚にいたる。

ここにきて子どもは、希少的な価値を持つようになった。そもそもパートナーにめぐりあって結婚すること自体が、とても難しいことだと考えられてきているのだ。子どもを持つ際に生殖医療を利用する人も多く、日本産科婦人科学会の集計では二十一人に一人が体外受精によって出生している。離婚した後に、新しいパートナーにめぐりあえるかどうかも不透明である。となれば、離婚で離ればなれとなる子どもへの思いが強くなることは、理解可能ではある。

できちゃった結婚で安室奈美恵と結婚したSAMが登場する「育児をしない男を、父とは呼ばない」というポスターを、厚生省（当時）が作成したのは一九九九年だった。日本の民間企業の男性の育児休業取得率は、まだ二パーセント強である。[2] 長時間の労働慣行もあり、男性の家事や育児の参加時間は群を抜いて低い。[3] それでも共稼ぎ世帯の増加に伴い、父親の子育てに関わる意識は、社会全体としては強まっていると言える。

このような社会状況のなか、離婚にいたった夫婦のもとで、それまでは省みられてはこなかった子どもの行く末に、突然、焦点が当てられるようになってきた。別居や離婚をきっかけとして片方の家庭に引き取られていく子どもの養育をめぐって、争いが生じてきているのである。

1 諸外国での動き

多くの国、特にキリスト教を背景に持つ国では、家族のあり方は政治の焦点になってきた。例えばアメリカでは、中絶の是非、同性愛に対する態度が、大統領選挙の主要な論点の一つになってきた。共同親権は、アメリカのカリフォルニア州を中心とする一九七〇年代の父親権利擁護運動から生じている（アメリカでは一九七〇年代には、社会が共稼ぎモデルへと転換しており、父親の育児参加意識も高かった。そのような状況も運動と無縁ではない）。

オーストラリアでも、父親権利擁護運動は政治の争点だった。数度の法改正が実現しているが、父親運動の結果として「大勝利」とも言えるものは、二〇〇六年の法改正である。この経緯については、小川富之が詳しい。[4] 小川によれば、この法改正では、離婚した後に子どもと同居する同居親が、別居した別居親の悪口を言って子どもを「洗脳」するという「片親疎外症候群」（Parental Alienation Syndrome：以下、ＰＡＳと略記）の考え方に基づいていたという。ＰＡＳに基づいて、別居や離婚後も父母が子どもの養育責任を分担し、養育に均等に関わることで、子どもの最善の利益を実現するという理念で法改正がおこなわれたというのだ。ちなみにこのＰＡＳは、いまでは「似非科学」だと断じられていて、実際の法廷でこのような理論が採用されてきたことは、「恥ずべき歴史」だと批判されていることが多い。[5]

またこのＰＡＳと組み合わせて盛り込まれたのが、「フレンドリー・ペアレント（友好的な親）」条項である。相手の悪口を言わず、親子の面会交流を促進するよう努めるのがいい親であり、そういう「フレンドリー」な親を子どもの同居親とし、主たる監護を委ねるという考え方である。そうすれば面会交流が促進され、「子の最善の利益に合致する」と考えられたのである。

この法改正では、「養育時間配分」という言葉が使用された。法の理念として、必ずしも「養育時間配分の均等」が採用されたわけではない。確かに別居親の権利性を強める内容が含まれてもいたが、何よりも重要なことは、別居親（多くは父親）が権利性を意識した結果、自分の権利の主張を強めたことである。そのことによって、子どもの養育に深刻な問題を生じさせたと小川はいう。以下は、小川に話を聞いた際のまとめである。

もちろんオーストラリアは日本とも違い、万全の準備をして臨みました。家族関係センターを全国に作り、社会学・心理学・法律の専門家を置き、別居した当事者同士に面会交流の啓発・カウンセリングを施し、話し合いを促進しようとしました。利用者の初期費用は無料です。民間委託ですが、財政は国が全額負担しての運営でした。また、高葛藤の家族で面会交流を実施するためのコンタクト・センター、さらにダメなら、家庭裁判所のカウンセラーも利用できました。さらにDVや虐待の加害者に定期的に通ってもらい、治療する機関も。そしてすべての取り決めは裁判所を通し、スクリーニングもしていました。また制度を改善するための調査の予算をつけ、フォローアップも試みました。それでも問題が噴出したのです。（略）

まず、DV、虐待の問題の多発です。二〇〇九年には、ダーシー・フリーマンという四歳の女の子が、面会交流中に父親によって橋から放り投げて殺されるという事件が起りました。母親は事件が起る前から父親に対しての不安を訴えていたにもかかわらず、痛ましい事件が起ったのです。父親は「母親を苦しめるために娘を殺した」と、これがDVの一環だと口にしました。面会交流によって、DVや虐待が継続してしまった。事件によってさらに、法改正の機運が高まりました。

またフレンドリー・ペアレント条項は、「虐待やＤＶについていくらそれが真実でも口にすると、親権すら取れず、自分が面会交流を極端に減らされてしまうのでは？」という危惧を親にもたらします。虐待として認定されるハードルは高く、多くの親は子どもを失うことを恐れるあまり、実際にある虐待について沈黙せざるを得ませんでした。

また面会交流は、非同居親（多くの場合父親）の支払う養育費を抑制し、同居親（多くの場合母親）と子どもの貧困を作り出しました。子どもと過ごす時間を増やせば増やすほど、養育費負担を減らすことができます。ですから、養育費の抑制目的のために、子どもとの面会時間をより多く確保しようとする親がでてきました。しかし同居親として実質的に養育にあたっている親が、子どもの日用品を買ったり、教育に必要な費用、病気等での支出といったような、重要な経済的負担を負うという状況は続くわけです。結果的に、同居親の経済的負担は変わらないにもかかわらず、非同居親の養育費の負担が減ることになりました。親子断絶防止法も附則の共同親権まで実現していけば、最終的にはこうなるでしょう。

最も残念なことは、このような法律を作っても、面会交流は全体としては大きな増減はありませんでした。法律がなくても離婚後の取り決めが可能な争いのない人たち、このような人たちが多数派なのですが、彼らにとっては、法律の変更はあまり関係のないことだからです。逆に、葛藤の高い夫婦の比率が増し、問題解決の困難さが高まりました。言い換えると、高葛藤事例で、潜在的に様々な問題を抱えている人たちの面会交流が増えてしまったのです。

親の「権利」主張に法的根拠を与えたことになりますから、紛争性が高まっていき、「子どもの福祉」を損なうような状況を出現させ、またこれまでは円満に解決できていたようなケースまでも、自分が子どもと五〇パーセントの時間の面会交流をする「権利」をもっていると勝手に理解することにより、円満解決から遠くなるという副次的な悪影響を生じさせました。(6)

つまり別居や離婚した人たちの全体としては、子の養育分担に大きな変化を生じさせなかった。にもかかわらず、子どもの養育に対立がある父母で、子どもの交流を制限される側に権利意識を持たせ、紛争性を高め、裁判所で争われるようになり、結果として高葛藤事例での共同養育の比率と時間配分の割合が高まってしまったのである。この法律は強い批判にさらされて、二〇一一年にはドメスティックバイオレンス（以下、ＤＶと略記）や児童虐待の保護などの方向性で親の権利性を軽減し、改正された。しかしそれより以前に、イギリスをはじめとして、多くの国の法律改正に影響を与えたと言われている。

2 日本での動き

親子断絶防止法案（正式名称は、父母の離婚等の後における子と父母との継続的な関係の維持等の促進に関する法律案）は、別居後に子どもに会わせてもらえなくなったと主張する主に父親たち（と少数の母親たち）のロビーイングによって、議員立法で国会提出がねらわれている。この法案は、実は国会に提出されてもいない。超党派の議連による議員立法で成立させられようとしている法案である。反対を避けるために「水面下で」練られてきたという。[7] 彼らは選挙協力などを惜しまず、日頃から議員との強いコネクションを持っていることは周知の事実でもある。西牟田靖による離婚後の父親のルポルタージュ『わが子に会えない』[8] にも、休日にも地域のお祭りに顔を出し、議員と接触を図り、区議会議員、都議会議員、県議会議員、国会議員と、ロビー活動を着々と繰り広げていく別居親の証言が見られる。

日本で議員立法によって成立する法律は微々たるものである。利益団体からの依頼によって提出されることも多くあり、平成二十年代（二〇〇八年以降）に成立した衆法は、最大でも二〇一六年（平成二十八年）の三十本にすぎない。ストーカー行為等の規制等に関する法律、児童虐待の防止等に関する法律、配偶者（等）からの暴力の防止及び被害者の保護に関する法律、性同一性障害者の性別の取扱いの特例に関する法律など、新しい時代の要請を受けたり、内閣府からは提出されにくかったりする性質の法律も、議員立法で成立している。しかしここに、親子断絶防止法を置いてみると、やはり違和感はいなめない。

親子断絶防止法全国連絡会のウェブサイト[9] には、「超党派親子断絶防止議員連盟会長として（二〇一四年十一月二十七日）」という議連会長の保岡興治の言葉が掲載されている。そこに見られるのは、「子どもは、両親が離婚する前には双方から愛されているのが通常です。それが親の離婚により一方の親との関係を断絶させられることになり、子どもにとっては非常に辛い経験で、子どもの健全な育成に悪影響を与えることは明らかです」という、離婚をしてもなお両親がそろっていることが健全だという価値観である裁判所での親権の判断の際に「監護の継続性」だけが重視されているという判断を示しながら、「この考えを悪用し、離婚後に単独親権を求める親が、子どもを連れ去るケースが頻発しているようです。こうした連れ去りを防ぐ法制の検討が必要です」と主張されている。

そして、先ほど紹介したいまや弊害が明らかになっているフレンドリーペアレントルールが持ち出されるのである。「より良い面会交流を実現する法制を検討するにあたり、フレンドリーペアレントルール（一方の親により子どもを多く会わせる意志のある親を主たる監護親とする原則）も傾聴に値する考え方だと思います」

また事務局長の馳浩衆議院議員は、離婚を非難することまではできないと認めながら、「でも、子どもの立場になってよ。／いさかいをし、口論し合う姿を見せつけられる子どもの心理を考えたことがあるか？／家庭内のＤＶで、子どもの心もからだも表情までも凍りつかせている意識はあるか？」という。そして突然、「日本は、離婚をしたら、単独親権である。だいたい、日常的に養育をし、監護している親に、親権が与えられる」ことを持ち出して、「子どもにとっての最善の利益、最善の福祉、最善の教育という、具体的な視点がもり込まれているのか、注視せざるを得ない実態がある」という。

「ＤＶを毎日見せつけられていたので、憎しみだけが増幅し、トラウマとなり、人間不信に追い込まれる。／本来ならば、家庭教育において人間社会の縮図を学ばなければならないのに、一方的に片親だけという現実を突き付けられ、成長の機会をうばわれる。／まだまだ、あげればキリがない」「離婚で心身ともに傷つけられるこの親子断絶問題は、新たな児童虐待の類型とさえ考えられる。／とりわけ、無断の連れ去りによって、有無を言わさずに親子関係を断ち切られたケース。／これは、拉致、ゆうかいではないのか？／もちろん、原因が明確なＤＶである場合など、それは当然な連れ去りであり、自治体には女性センターなどに一時保護施設もあり、社会通念上、容認されている。／ところが、この制度が悪用され、離婚することと、子どもを確保することだけが目的の「無断の連れ去り」事案が横行しているのである」。そして、「①子の最善の利益を尊重し、②悲惨な親子の断絶状態を解消し、③両親が日常的に子の養育に関われるよう、④安定的に面会交流を実現する。／こんな新規立法を目指して議連を創設した[10]」という。

長々と引用した。これら議長と事務局長の言葉に、問題は凝縮されているように思う。まず離婚は避けられないことだとしながらも、「健全」な育成のためには、離婚後も両親がそろっているべきだという価値観がある。面会交流をすることが、そのまま「子どもの利益」だという揺るぎない信念がある。離婚後に面会交流をしようがしまいが、それはそれぞれの家庭の判断である。離婚してまでもなお、面会交流をおこなっていない「片親」の家庭の子どもが差別されるとしたら、子どもの立場からすればやりきれないだろう。また、暴力や虐待をはじめとした理由で会わないことが「子どもの利益」となるケースも、残念ながら存在するだろう。

また、ＤＶなどの暴力への不信がある。暴力を受けたという主張は、親権を取るための「悪用」ではないかと疑っているのである。事実、同連絡会のウェブサイトには、「虚偽ＤＶの実態」というタブがわざわざ作成されている。馳は、ＤＶを見せつけられていた子どもに、「片親だけという現実を突きつけられ」、「成長の機会をうばわれる」と暴力加害者に再び会わせることを要求している。児童虐待防止法で、子どもの前での「面前ＤＶ」は虐待に含まれているにもかかわらず、このようなＤＶの加害者への面会が「成長の機会」だという判断には、個人的には賛同しかねる。もちろん、ＤＶ加害者である親と面会することで、子どもが何かをつかみ取り、人生の糧とすることはできるかもしれない。しかし、それはあくまでも子ども自身の意志でなされるべきであり、裁判所や法律に強制されてなされるべきことではないのではないか。

子どもを連れて逃げることを、「連れ去り」「拉致、ゆうかい」と非難をしている。だがこれは、裁判所の実務やＤＶの実態を知る者からは疑問が投げかけられている。まず「監護の継続性」が重視されることを非難しているが、実態にはそぐわない。裁判所の実務で離婚以前の「監護の継続性」は重視される項目の一つではあるが、たいていは母親が監護にあたっている「主たる監護者」である。つまり、親権ほしさに連れ去る必要はない。実際、二〇〇〇年ごろから、裁判所は違法に子どもを奪取した場合には、その後の監護によって生じた安定した状況があっても、追認しないという厳しい態度をとるようになっているようである。[11]また最初に子どもを連れて出て別居することについては、連れ出しが暴力的でないかぎり、日本では違法ではなく、むしろ「主たる監護者」である親が、幼い子どもだけを置いて出る場合、児童虐待防止法の二条三項の監護の放棄（ネグレクト）にあたり、違法となりかねないことが指摘されている。[12]

そして、「離婚後に単独親権を求める親が、子どもを連れ去るケースが頻発している」（そもそも日本で離婚後は単独親権なのだから、共同親権は求めようがないのだが）という表現に見られるように、離婚後に非監護親（多くは父親）のために、共同親権などを含む民法の根本的な改正を、議員立法でおこなおうとしているのである。

　彼らの文章を読めば、「子どもに会えないお父さんがかわいそう。お母さんが悪意を持って、嫌がらせのために、会わせないいんでしょう？　しかも親権を取るために連れ去りをするなんて」と思うかもしれない。しかし現在の裁判所実務を知っていれば、こうした判断は現状を踏まえているとは言いにくい。二〇一七年に長崎で、離婚後、面会交流のために子どもを引き渡しにきた母親が殺害され、父親がその後、子どもがいる家のなかで自殺するという事件があった。母親は、離婚後に付きまとって脅しのメッセージを送ってくる父親におびえて、ストーカーとして警察に相談までしている。それでも、面会交流を拒否することができずに殺されたのだ。

　二〇一一年に、虐待などのケースで親権を制限するための民法改正があった。その際に、七百六十六条の第一項に「子の利益を最も優先して」、「父又は母と子との面会及びその他の交流」を協議で定めるという語句が挿入され、「父母が協議上の離婚をするときは、子の監護をすべき者、父又は母と子との面会及びその他の交流、子の監護に要する費用の分担その他の子の監護について必要な事項は、その協議で定める。この場合においては、子の利益を最も優先して考慮しなければならない」とされたことで、事態は一変した。

　裁判所はそれまでの方針を変更し、「原則面会交流」に舵を切った。夫婦間にDVがあったとしても、それは夫婦の問題にすぎず、子どもの面会交流には関係ないと裁判所は判断している。別居親によって過去に連れ去りがあったり、その恐れがあったりしたとしても、さらに言えば、子どもが嫌がっていたとしても、面会交流を拒絶する理由にはならないと考えているようである。民法改正後の裁判所の方向を決定づけたとされる裁判官らによる論文は、「子が非監護親との面会交流を拒絶している場合であっても、それが真意からの拒絶とは評価されず、面会交流を禁止・制限すべき事由があるとはみとめられないこともあり得るというべきである」[13]とまで書いている。

また子どもの虐待に関しても、診断書や写真などの「客観的証拠」に基づいた証明が必要だと高いハードルが課されている。裁判所に持ち込まれるのは、そもそも夫婦の間で決着がつかない深刻な問題を抱えているケースである。にもかかわらず、家庭裁判所は原則的に面会交流を認めている。

この背景には、家庭裁判所の人員不足と業務の簡素化、それに基づいた裁判官の査定が関係していると言われている。つまり、じっくりと時間をかけて取り組んで面会交流を実施しないという結論を出すことは、裁判官（のキャリア）にとってあまり利益を生まないのである。

弁護士の斉藤秀樹は、「現在、家庭裁判所では、別居親から面会交流の申立てがあれば原則として面会交流をさせる方針をとっており、監護親からDV・虐待等の訴えが出ていても子の福祉に反することを立証できない限り面会を認めている。つまり面会が認められない親は子の福祉に反することが明らかかな、相当問題がある親といっていい。問題のある別居親のための法律をつくる必要はない」[14]といい、親子断絶防止法の立法根拠が欠如していることを指摘している。

確かに、これほどまでに強硬な家庭裁判所の面会交流を許可する方針を見れば、家庭裁判所が基準である月に一回の面会交流の判定を下さない場合は、少なくとも相当の事情があるケースだと認識されていると言えるだろう。

また、実際に「会わせてもらっていない」と主張して法案の必要性を説く人の具体的な状況を尋ねていくと、実際には面会交流をすでに実施しているものの、「希望の回数ではない」「そのうち会えなくなるはずだ」などという回答が返ってくることは多々ある。法案推進者が求めているのは、「年間の百日面会」なのだから、「会わせてもらっていない」という主張には、「自分が思うようなペースで（会えない）」という場合も含まれているように思われる。

３　親子断絶防止法について

監護親の責任の重さ

親子断絶防止法案そのものに関しては、どのような内容になっているのだろうか。まず指摘できるのは、別居親と監護親との不均等な義務や責任の配置である。

七条

一　父母の離婚等の後に子を監護する父又は母は、基本理念にのっとり、当該子を監護していない父又は母と当該子との定期的な面会及びその他の交流が子の最善の利益を考慮して安定的に行われ、親子としての良好な関係が維持されることとなるようにするものとする。

二　父母の離婚等の後に子を監護する父又は母は、当該子を監護していない父又は母と当該子との面会及びその他の交流が行われていないときは、基本理念にのっとり、当該面会及びその他の交流ができる限り早期に実現されるよう努めなければならない。

面会交流を定期的に実施する責任は監護親に課されている。面会交流が実施できなければ、「間接強制」という罰金を請求することが可能である。先ほど述べた長崎での面会交流殺人事件が起こる直前には、高額の間接強制の判決が報道されたばかりだった。別居している母親に長女を会わせる約束を父親が守らないとして、応じない場合は父親が一回あたり百万円を母親に支払うよう命じる決定を東京家庭裁判所が出したことがわかった（その後、東京高等裁判所に抗告して三十万円になった）。事件で亡くなった母親も、この間接強制についてのニュースを耳にしていたかもしれない。子どもがどうしても別居親に会うことができず、面会交流ができないために、この間接強制を苦しい生活のなかから払い続けている母親もいる。

しかしその一方で、別居親には何の責任も課されていない。例えば面会交流の約束をして、すっぽかしたり、不適切な養育を繰り返したり、交際相手が見つかったので面会交流を突然やめたりするなどの「よくある話」に罰則はなく、また自分の都合で面会交流を再開することも可能である。ソーシャルワークが発達している国であれば、このように別居親が行動すれば、最終的に裁判所によって親権や面会交流権を剝奪されるかもしれない。欧米ではそもそも協議離婚という制度がなく、離婚に際して必ず裁判所が関与し、一定期間の別居期間を義務づけている国も多い。

冒頭で離婚を、日本ではすっかり忘れられていたかのように見える領域と呼んだ。しかし、例えばジャック・ドンズロの『家族に介入する社会』[15]などを読めば、まさに離婚こそが権力が介入する領域になりつつあることに気がつくだろう。ドンズロは、貧困で無知、暴力的な家庭から子どもを「守る」ために「社会」が介入し、また「社会」がそのような子どもから守られなければならないというシステムが、近代に形成されていく過程を記述している。フランスでは、「子どもの福祉」のために、家族に裁判所・精神科医・児童教育学者・ソーシャルワーカー・カウンセラーなどが「保護複合体」を形成し、「正しい家族」像を振りかざしながら、家族に介入するというのだ。ＤＶや虐待が疑われた場合、疑われた側が子どもへの虐待の恐れがないという証明を、専門家からもらわなければならない国も多くある。

日本でも、家庭裁判所をはじめとする制度は確かに存在する。また親子断絶防止法を推進したい勢力は、シングル家庭の非行率の高さを挙げて、これらの離婚家庭の「リスク」が社会を脅かしていると宣伝までしているのだ。

その一方で日本では、裁判所が面会交流を命じても後は放置したままで、その審判が正しかったのかを検証さえしていない。面会交流の支援機関は首都圏などに限定され、利用料金も一回一万円を超えるなど高額である。その代表とも言えるＦＰＩＣ（家庭問題情報センター）などは、支援を基本的には一年間に限っている。期間が過ぎたら当事者同士で面会交流をおこなわなければならず、再調停をするとなっても、面会交流中のトラブルを裁判所に上げたり、証言したりすることさえできないシステムである。現行の社会制度では、葛藤がある夫婦間で、親子断絶防止法案の内容を実現することはとても不可能だと言っていい。

ここで私たちは、大きな決断を迫られているのかもしれない。結婚や離婚に関して、裁判所を頂点とするようなこのような権力の介入を受け入れるのか――。さらに言えばこういった制度を採用して、親子断絶防止法の附則に書かれている共同親権を実現するためには、離婚の極端な破綻主義を採用する必要があることは、周知の事実である。破綻の原因を作った有責配偶者を特定して、慰謝料や離婚をめぐって争い続けた後に、子どもの養育に関して協力し合うことは難しい。他の共同親権の制度を採用している多くの国と同様に、基本的には慰謝料をなくし、離婚を容易にするしかない。

アメリカで「ノーフォールト」主義を採用している州では、片方が離婚の意志を固めれば、相手の同意さえ必要がないという。この場合、共同親権の制度があれば、単独親権のときのように子どもの親権者の指定に多大な時間をかけず、さしあたり離婚を成立させやすくなるのかと感心せざるをえない。

日本で親子断絶防止法が成立したら、家族はどう変化するだろうか。まず「子どもに会えなくなる」という理由で離婚をためらう人が減るという意味では、離婚を容易にするかもしれない。各国の父親権利擁護運動はたいてい反フェミニズム的色彩を持つが、日本でも推進派の主張は明らかに女性嫌悪的で、議連会長の保岡興治は日本会議の「保守的」な政治家である。この保守性と法律が持つ「家族破壊主義的」な側面の共存は、興味深い。さらに言えば、正式な法律婚は、国家からの介入を受けがちだという意味で、フランスでそうであるように、法律婚のインセンティブを減少させるかもしれない。また、法律婚によって「妻の座」を得る利得は、共働きにより確実に減じているが、経済的利益が少なく、相手により多くの子どもに対する権利を持たせると考えて、女性も法律婚を忌避する傾向が現れるかもしれない。どれも予測にすぎないが。

ここまで読んだ方は、なぜ筆者がここまで結婚の破綻に際して、面会交流の負の側面を強調するのかと、疑問に思うかもしれない。しかし、そうではない。面会交流一般は、すばらしいものである。離婚しても夫婦が話し合うことができ、子どものために協力し合うことができれば、面会交流は子どもにいい結果をもたらすという調査結果は多くある。

その一方で、夫婦の間に葛藤があり、協力し合えない場合に、夫婦を子どもの共同養育や面会交流に「巻き込む」ことがいい結果を生んでいないことも、調査結果から明らかになっている。特に裁判所によって養育配分を決めること、つまり面会交流を均等にするように迫ることなどは、子どもにいい結果を生んでいない。「親が別れた後の子どもにとって最大の利益は、子どもが受け取る養育の質や、両親の関係のあり方、そして適切な住居や収入といった実際的な資源に強く関わっていて、養育の特定のパターンであったり、時間の長さであったりではないということを研究は示している[16]」

また、面会交流や共同養育を推進する理論的支柱とされてきたジュディス・ウォーラスタイン自身が、離婚した親の子どもたちの二十五年のパネル調査の結果、「私が今言えるのは、すべての子供に共同監護を設定しようとするのは乱暴なやり方だということだけだ。法制度は、子供たちの利益を守ることを義務付けられているにもかかわらず、往々にして、かえって彼らの人生を困難なものにしてしまう。すべての子供に適合する方針を見つけることなど不可能であり、子供の個性を殺すことにもなりかねない」[17]「十八歳になるまで、融通のきかない裁判所命令を押し付けられた子供たちは、それを強制する親を拒絶するようになるのだ」[18]という結論を導き出していることを、私たちは忘れるべきではない。

結婚の破綻と暴力

子どもの面会交流を考える際に最も重要なことは、「暴力」である。私たちは、家族はプライベートな愛情の場であると同時に、暴力の場にもまた容易に転化することを忘れがちである。暴力は、離婚原因の四分の一を占めている。最初の共同親権を作り上げたカリフォルニア州も、その後に暴力への対応から、法律の改正を余儀なくされている。親子断絶防止法推進派がよく根拠として持ち出すのがハーグ条約だが、ハーグ条約は単に「各国で法体系が異なるため、親が自分に有利な国に子どもを連れ出さないように、子どもを最終居住国に戻して、その国の法律に従うべきである」という国際条約である。国内の子どもの移動には、何にも関与してはいない。そのハーグ条約もまた、暴力被害者を居住国に戻さないという判断に関して、逃げた先の裁判所がどれだけ可能かをめぐって、多くの論争が起こっている。フレンドリーペアレントルールは、子どもに対する暴力を覆い隠す。またアメリカなどでは、PASの考え方は、「(暴力をふるう)親に会いたくない」と主張する子どもを「監護親の洗脳によるもの」だと断じて、洗脳を解く「威嚇療法」のためにと子どもを拘置所や少年院、そして暴力をふるう親のもとにいくことを強要し、自殺する子どもまでを生み出してきた[19]。つまり、多くの共同養育や面会交流の制度を考える際にネックになるのは、暴力・虐待なのである。

親子断絶防止法推進派は、「面会交流をさせたくないがために、「例外的な」暴力を持ち出して論じている」という批判や、「親権をとるため、面会交流をさせたくないために、主に女性がＤＶを捏造しているのだ」というキャンペーンを繰り広げてきたが、事態は逆である。繰り返すが、そもそも監護権をとることが多い女性にとって、面会交流には関係ないと断言されているＤＶを捏造するインセンティブはあまり多くない。むしろ、暴力加害者である別居親がこそが自分を被害者だといい、暴力を捏造する傾向がある。別居親（一般に父親）が意図的に虚偽の虐待を申告した割合は、ジョアン・Ｓ・マイヤーによれば、四三パーセントにのぼるという。[20]

ここで問題になるのが、八条規定である。

八条

一　国は、子を有する父母が婚姻中に子の監護をすべき者その他の子の監護について必要な事項に関する取決めを行うことなく別居することによって、子と父母の一方との継続的な関係を維持することができなくなるような事態が生じないよう、又は当該事態が早期に解消され若しくは改善されるよう、子を有する父母に対し、必要な啓発活動を行うとともに、その相談に応じ、必要な情報の提供その他の援助を行うものとする。

二　地方公共団体は、前項の事態が生じないよう、又は当該事態が早期に解消され若しくは改善されるよう、子を有する父母に対し、必要な啓発活動を行うとともに、その相談に応じ、必要な情報の提供その他の援助を行うよう努めなければならない。
別居する際に、親権や面会交流について取り決めるべきである、そしてその判断を家庭裁判所ではなく地方公共団体がしなくてはならない、というのである。これはつまり、ＤＶや虐待がある家庭から逃げることを地方公共団体が支援すれば、親子断絶防止法違反になる可能性をもたらすものである。

離婚やその後については、夫婦でしっかり話し合い、合意することが大切だ。黙って子どもを連れて出て行くケースがあるが、それは基本的にはいけない。話し合うのに危険があれば、児童相談所やＤＶ被害者の支援機関に相談するなどしてほしい。第三者に入ってもらうのがよい。(21)

議連事務局長の馳浩は、「東京新聞」のインタビューにこのように答えている。別居時に子どもを連れて逃げるのは多くの場合、ＤＶの案件だと想定される。そのため、馳事務局長も「児童相談所やＤＶ被害者の支援機関に相談する」ことを求めているのである。
しかし、現行の児童相談所の業務に面会交流に関する夫婦関係の調整は含まれないし、実際に依頼しても困難だろうという意見が大半である。また、児童相談所が出てくるところをみると、子どもへの虐待が含まれる案件を想定しているのかもしれない。そうであるなら、虐待をする親から子どもを逃げさせるときにその後の関係の継続的な維持を、児童相談所を介してまで話し合うのは、倒錯していると言わざるをえない。

さらにＤＶ被害の支援者に尋ねたところ、「暴力の現場から被害者を逃がすことだけで精いっぱいなのに、そんなときに「これから逃げますが、面会交流はどうします？」などと聞けるわけがない。女性の身の安全、そして私たち自身の身の安全さえ確保できない。現実には不可能です」という返答があった。

馳事務局長は先のインタビューで、「子どもへの虐待や夫婦間でのＤＶがあった場合についての配慮も法案には具体的に盛り込んである」とも述べている。ＤＶや子どもの虐待などに関する強い懸念があって、修正案ではそれへの対応を盛り込まざるをえなかった。

九条

前三条の規定の適用に当たっては、児童に対する虐待、配偶者に対する暴力その他の父又は母と子との面会及びその他の交流の実施により子の最善の利益に反するおそれを生じさせる事情がある場合には、子の最善の利益に反することとならないよう、その面会及びその他の交流を行わないこととすることを含め、その実施の場所、方法、頻度等について特別の配慮がなされなければならない。

しかし、法案に懸念を表明する人たちからは、あまりに具体性に乏しいという批判が出ている。

その他

親子断絶防止法案では、離婚後にまず子どもにとって急務であるはずの養育費についての言及が、長い条文のなかで「書面による取り決め」に「努めるものとする」（六条）だけである。修正案の十一条で、調査と研究に「子の監護に要する費用の分担等」が追加された。あとは延々と面会交流について規定されている。子どもの監護についての法律としては、あまりにバランスを欠いていると言わざるをえない。離婚後の面会交流の実施率が四〇パーセントであるのに対し、養育費の支払いは二〇パーセントを切っている。面会交流と養育費は連動させるべきではないとはいえ、このバランスには疑問を覚える。

先に述べたように、附則では、共同親権についてまで言及されている。離婚後は単独親権である日本の民法や家族制度を根底から覆す変化を、十分に開かれた議論もないまま、慌ただしく議員立法で成立させていいものだろうか。「子ども」を主体として、子どものよりいい養育のための法律とするために、議論を積み重ね、熟考の末に作られるべきではないか。

おわりに

本章では、親子断絶防止法について検討してきた。離婚後に両親が、夫婦は別れても親子関係は変わらないと、協力し合って養育ができるならば、それはすばらしいことである。しかし、それにはお互いの親の努力と協力が不可欠である。またうまくいっている面会交流は、子どもと別居親だけではなく、かつての家族関係、家族の暖かな記憶を思い出させるようなひとときが持てている人が多いと感じる。

夫婦が協力できない場合、特に離婚の原因が暴力などで「子どものためを思って別れた」というような場合、どのような親子関係をその後に紡いでいけるのかについては、なかなか答えがでない。二〇一七年には伊丹市でも、離婚後の初の面会交流時に四歳の子どもを殺害した後、父親が自殺する事件もあった。父親が面会交流時に子どもを殺害した後に自殺するのは、海外でもよくあるパターンである。これは、家族を喪失した悲しみや自分のつらさを、拒絶した監護親は思い知るべきだというメッセージであり、ある意味で、自分を悲しませた監護親への復讐を意味するとも言われている。(22)

離婚で緊張感が高まっている時期に、面会交流の取り決めをおこなうことは困難である。伊丹市の事件もまた、もしもこのような自暴自棄な時期に子どもに会うことがなければ、加害者・被害者お互いにとっていい関係が、長期的に結べることがあったのではないかと思うと痛ましい。

またこういった事件が起こることで、監視付き、第三者の支援を受けての面会交流をするべきだという意見が高まっているが、それにも疑問がある。とっさの殺害は監視があっても防ぎようがないものであるし（日本はアメリカなどと異なって銃は規制されているとしても）、子どもが親と会うことで家族の「悲しい記憶」、特に暴力を思い出すとしたら、それは「子どもの利益」にかなっていると言えるだろうか。心理的な虐待を、第三者機関はどこまで止められるのか。また子どもが面会交流を望まない場合、現行の制度でも責任を負わされている同居親の負担は重い。等身大の親の姿を知ることに意義があるという意見もあるが、それは子どもの年齢やパーソナリティにもよる。無理やりに「理想的な親」の夢を壊すことにどういう意義があるのかも、疑問である。

離婚後、時間的にほぼ平等に子どもの監護をおこなっている割合は、イギリスでは、二、三パーセントほどである。またアメリカでも単に身上共同監護を選択している割合は、二〇パーセント程度である。(23) この共同親権も、自ら望んで共同親権を選択した場合と、相手に屈して「選択させられた」と考えられている場合では、経験はまったく異なっている。親権争いさえ合意できない二人が、どのように協力して子育てをしていくのだろうか。

海外には、多くの面会交流や共同親権についての研究の蓄積がある。そこから私たちは多くを学ぶ必要があるだろう。多くの研究が、葛藤がない共同養育や面会交流はすばらしいが、葛藤がある場合、裁判所が命じた結果の共同養育は混乱に満ちていて、間に立たされる子どもに出る影響は好ましいものではないことを明らかにしている。

親は子どもを思い、子どもは親を思っている。そうであったら、とてもすばらしいことだ。しかし、ときにそれがうまくいかない関係性もある。また子育ても、喜びと同時に、ときには忍耐や悲しみ付随してくるものでもある。私たちは、その現実から出発し、制度を構築していくしかないのではないだろうか。

すでに他国では、「親権」という言葉を廃止して、親としての「責任」という言葉を使うことが潮流になってきている。もちろん、日本の親権も、権利だけではなく義務を負う構成になってはいる。しかし、親の「権利」という言葉が私たちに与える誤解は、大きいのではないか。今後、離婚後の家族で、親が親としてどういう責任を子どもに対して背負うべきなのか、オープンに議論が積み重ねられていくべきなのではないかと思う。(24)

注

（1）国立社会保障・人口問題研究所「第十五回出生動向基本調査」（http://www.mhlw.go.jp/file/05-Shingikai-12601000-Seisakutoukatsukan-Sanjikanshitsu_Shakaihoshoutantou/0000138824.pdf）［二〇一七年八月九日アクセス］

（2）内閣府男女共同参画局「I—3—10図　男性の育児休業取得率の推移」「平成二十九年版男女共同参画白書」（http://www.gender.go.jp/about_danjo/whitepaper/h29/zentai/html/zuhyo/zuhyo01-03-10.html）［二〇一七年八月九日アクセス］

（3）内閣府男女共同参画局「I—3—8図　六歳未満の子供を持つ夫婦の家事・育児関連時間（一日当たり、国際比較）」「平成二十九年度版男女共同参画白書」（http://www.gender.go.jp/about_danjo/whitepaper/h29/zentai/html/zuhyo/zuhyo01-03-08.html）［二〇一七年八月九日アクセス］

（4）本節の記述は、基本的に以下の小川の二本の論文に依拠している。小川富之「離婚後の親子の交流と親権・監護・親責任」、梶村太市／長谷川京子編著『子ども中心の面会交流——こころの発達臨床・裁判実務・法学研究・面会支援の領域から考える』所収、日本加除出版、二〇一五年、小川富之

「離婚後の子の養育――欧米先進工業諸国の対応を手掛かりとして」、小川富之／髙橋睦子／立石直子編『離別後の親子関係を問い直す――子どもの福祉と家事実務の架け橋をめざして』所収、法律文化社、二〇一六年

（5）ＰＡＳについては、The Leadership Council のウェブサイトに詳しいまとめがある。“What is Parental Alienation Syndrome (PAS)?”（http://www.leadershipcouncil.org/1/pas/faq.htm）［二〇一七年八月九日アクセス］

（6）千田有紀「オーストラリアの親子断絶防止法は失敗した――小川富之教授（福岡大法科大学院）に聞く」（https://news.yahoo.co.jp/byline/sendayuki/20161212-00065383/）［二〇一七年八月九日アクセス］

（7）大塚玲子「「親子断絶防止法案」の最大の問題点！ 本当に「子どものため」なら大人たちがやるべきことは？（2／2）」（http://bylines.news.yahoo.co.jp/otsukareiko/20161213-00065339/）［二〇一七年八月九日アクセス］

（8）西牟田靖『わが子に会えない――離婚後に漂流する父親たち』ＰＨＰエディターズ・グループ、二〇一七年

（9）「親子断絶防止法 全国連絡会」（http://oyako-law.org/）［二〇一七年八月九日アクセス］

（10）「親子断絶防止議員連盟が目指す法律」（http://oyako-law.org/index.php?%E8%A6%AA%E5%AD%90%E6%96%AD%E7%B5%B6%E9%98%B2%E6%AD%A2%E8%AD%B0%E5%93%A1%E9%80%A3%E7%9B%9F）［二〇一七年八月九日アクセス］

（11）榊原富士子／池田清貴『親権と子ども』（岩波新書）、岩波書店、二〇一七年、一〇二ページ

（12）同書一〇九―一一〇ページ

（13）細矢郁／進藤千絵／野田裕子／宮崎裕子「面会交流が争点となる調停事件の実情及び審理の在り方――民法七百六十六条の改正を踏まえて」「家庭裁判月報」二〇一二年七月号、最高裁判所、八一ページ
（14）斉藤秀樹「問題のある別居親のための法律は必要ない」「週刊金曜日」二〇一七年五月十九日号、金曜日
（15）ジャック・ドンズロ『家族に介入する社会――近代家族と国家の管理装置』宇波彰訳、新曜社、一九九一年
（16）Fehlberg Belinda, Smyth Bruce with Maclean Mavis and Roberts Ceridwen, "Caring for children after parental separation: would legislation for shared parenting time help children?," *FAMILY POLICY BRIEFING*, 7, 2011, p. 6. この論文では多くの研究成果が紹介されている。
（17）ジュディス・ウォラースタイン／ジュリア・ルイス／サンドラ・ブレイクスリー『それでも僕らは生きていく――離婚・親の愛を失った二十五年間の軌跡』早野依子訳、ＰＨＰ研究所、二〇〇一年、三二六ページ
（18）同書四三九ページ
（19）ジョアン・Ｓ・マイヤー「片親引離し症候群ＰＡＳと片親引離しＰＡ――研究レビュー」髙橋睦子訳・監修、前掲『子ども中心の面会交流』所収
（20）同論文六二ページ
（21）「〈子の幸せは？〉離婚後も親の責任意識を　親子断絶防止法へ活動　馳衆院議員に聞く」「東京新聞」二〇一七年二月九日付（http://www.tokyo-np.co.jp/article/living/life/201702/CK2017020902000201.html）［二〇一七年八月九日アクセス］

（22）Jan Kurth, M.U.P., "No Idea Why That Man Killed That Baby: Media Coverage of Fathers Killing Children in Situations Involving Child Custody and Visitation," in Mo Therese Hannah and Barry Goldstein eds., *Domestic Violence, Abuse, and Child Custody: Legal Strategies and Policy Issues*, volume 2, Civic Research Institute, 2010. では、オーストラリアのダーシー・フリーマンの殺害事件を陪審員たちが「配偶者間の報復」と認識していることが紹介され、父親が元妻を罰するために子どもたちを殺害することについて述べられている。通常、父親はそれ以前に子どもに暴力をふるうことはないし、子どもたちを愛しているように見える。殺害行為は子どもの母親を傷つけることに直結していて、動機は復讐だというのである。伊丹市での父親による四歳の娘の殺害事件でも、それまで子どもに対して暴力的な兆候はまったく感じなかったと、母親は述べている。

（23）山口亮子「アメリカにおける離婚後の親権制度」、比較法研究センター「各国の離婚後の親権制度に関する調査研究業務報告書」二〇一四年、九七ページ（http://www.moj.go.jp/content/001130860.pdf）［二〇一七年九月八日アクセス］

（24）本章は、親子断絶防止法を推進したい別居親にとっては、面白くない内容だろう。テレビ報道や新聞記事などが出るたびに、抗議申し入れやネット上のバッシング、職場への電話などが執拗に起こることは、よく知られている。また、相手方担当弁護士や裁判官に対する誹謗中傷も激しい。しかし自分とは異なる意見を受け入れること、少なくとも違う意見が存在することを認めることは、共同養育や面会交流のときに同居親との間でも必要とされる態度なのではないかと思われる。私は、この法案には問題点が多数あり、現在の裁判所実務も困難を抱えているとは考えているが、面会交流それ自体を否定しているわけでは決してないし、離婚後の親子のあり方は、考えるべき課題だと思っている。本章が、オープンな議論の一助となればと願っている。

第3章　経済政策と連動する官製婚活

斉藤正美

はじめに

高知県には「恋と子育て応援する課」と銘打った担当課があり、「高知で恋しよ!!応援サイト」というカラフルなイラスト満載のウェブサイトを開設している。「ご希望のお相手を高知県がサポートします!!」と謳っているとおり、結婚を考えている独身者向けイベントの情報提供や独身男女のマッチングなどをおこなっている。福井県では、結婚気運を高めようと、県庁入り口に「プロポーズ。ハイかYESで、答えてね。」というコピーが躍り女性がほほ笑むポスターが飾られている。また「地域縁結びさん」に加え、企業や団体には、「職場の縁結びさん」を設けて、独身者に声かけする「めいわくありがた縁結び」という取り組みもおこなっている。[1]富山県は、婚活パーティーやマッチングシステムなどに加え、高校生に向けて「ライフプランガイド」という冊子を発行した。三十七歳を過ぎると妊娠しにくい、などと「妊娠適齢期」を教え、祖父母がいると安心と三世代同居を勧める内容になっている。

さらに東京都も、二〇一七年三月に初の結婚応援イベント「TOKYO縁結び2017」を開催した。小池百合子都知事が登場して、「二〇二〇年の東京オリンピック・パラリンピックを誰と一緒に見ますか?」とオリンピックを目標に結婚をといわんばかりに婚活イベントを盛り上げた。このように全国の自治体で、独身者の出会いの場作りやマッチングなどによって結婚を奨励し、また早く結婚するよう啓蒙する結婚支援が広く進められている。

結婚のための活動を意識的におこなうことを「婚活」と呼んだのは、二〇〇八年に刊行された山田昌弘・白河桃子『「婚活」時代』(2)が最初である。著者の一人である家族社会学者の山田昌弘・中央大学教授は、内閣府男女共同参画会議などの委員を歴任し、もう一人の著者である白河桃子・相模女子大学客員教授も、内閣府一億総活躍国民会議をはじめ数多くの審議会委員を務めてきた。山田と白河は、審議会委員などを通じて、政府が「婚活」支援を進めるうえで大きな役割を果たしている。さらに、人口学、家族社会学、産業社会学、社会学、医学などを専門とする多くの学者も、内閣府の少子化対策関連の審議会などを通じて「官製婚活」の政策決定に参加している（表1「官製婚活に関わる施策ならびに施策の決定機関と関係する有識者」参照）。

二〇一三年に安倍晋三内閣が「少子化対策」として「婚活」支援策を始めて以来、この動きは全国の自治体に広がっている。国は、少子化対策という謳い文句で若い世代を早く結婚させ、子どもをたくさん産ませようと、交付金・補助金というツールで、自治体・企業・団体を総動員しようとしている。こうした国や自治体による結婚支援を本章では「官製婚活」と呼ぶ。

全国の自治体がおこなっている婚活支援事業の種類には、おおまかにいって、①一対一のお見合い・マッチングシステム、②婚活パーティー・出会いイベント、③結婚希望者を対象におこなわれる女子力やコミュニケーション力のアップなどの婚活セミナー、④学校などで学生を対象におこなわれるライフプラン教育などがある。一般にイメージされる婚活とは異なるが、④の中高生や大学生向けライフプラン教育も、「二十代の結婚や出産を増やそう」という目的で盛んになっている。

表1　官製婚活に関わる施策ならびに施策の決定機関と関係する有識者

年月	政策名	政策内容を決定する機関	機関の代表者	関係する有識者
2013年3月		少子化危機突破タスクフォース	座長：佐藤博樹・東京大学大学院情報学環教授	安藏伸治・明治大学政治経済学部教授、齊藤英和・国立成育医療研究センター母性医療診療部不妊診療科医長、武石恵美子・法政大学キャリアデザイン学部教授、松田茂樹 中京大学現代社会学部教授
2013年6月	少子化危機突破のための緊急対策			
2013年8月		少子化危機突破タスクフォース（第2期）	座長：齊藤英和・国立成育医療研究センター母性医療診療部不妊診療科医長	渥美由喜・東レ経営研究所　ダイバーシティ&ワークライフバランス研究部長、安藏伸治、松田茂樹
2013年11月	少子化危機突破のための緊急提言			
2014年8月	平成27年度予算要求・税制改正要望に向けた緊急提言			
2014年11月		新たな少子化社会対策大綱策定のための検討会	座長：佐藤博樹・中央大学大学院戦略経営研究科教授	尾崎正直・高知県知事、白河桃子・相模女子大学客員教授、渥美由喜、安藏伸治、齊藤英和

2015年3月	少子化社会対策大綱			
2015年6月		少子化社会対策大綱の具体化に向けた結婚・子育て支援の重点的取組に関する検討会	座長：吉村泰典・吉村やすのり生命の環境研究所理事長（前日本産科婦人科学会理事長）	渥美由喜、安藏 伸治、齊藤 英和
2015年10月		一億総活躍国民会議	議長：安倍晋三・内閣総理大臣	菊池桃子・戸板女子短期大学客員教授、増田寛也・東京大学公共大学院客員教授、白河桃子
2015年11月	経済財政政策・アベノミクス「新三本の矢」で「夢を紡ぐ子育て支援（希望出生率1.8）」			
2016年6月	ニッポン一億総活躍プラン			
2016年10月		結婚の希望を叶える環境整備に向けた企業・団体等の取組に関する検討会	座長：佐藤博樹	岡崎 仁美 株式会社リクルートキャリア就職みらい研究所長、三輪 哲東京大学社会科学研究所准教授、渥美由喜、尾﨑正直
注記			〈２回目以降に登場する名前は肩書を省略〉	〈２回目以降に登場する名前は肩書を省略〉

これらの官製婚活は、「結婚したい人の希望をかなえる」などといった耳障りのいいスローガンで進められているため、懐疑的な視点からの考察は少ない。婚活についての論考の大半は、少子化を解決するために婚活をどう進めればいいか、という問題意識に基づいている。(3) 国家政策としての官製婚活を批判的に捉えた論考は、ごくわずかにとどまる。(4)

本章では、国と地方自治体が一体となって進めている官製婚活がいつから、どうして広がったのか、また、いま現場はどうなっているのか、今後何が起きていくか、など全国の官製婚活の現状と現場で起きている問題について明らかにしていきたい。

1 官製婚活がいつから始まったのか

安倍晋三政権の「結婚・妊娠・出産・育児の切れ目のない支援」

合計特殊出生率が過去最低の一・五七になったと発表された一九九〇年の一・五七ショック以来、政府の少子化対策は、エンゼルプラン、育児休業法などの「子育て支援」と「仕事と子育ての両立支援」の二本の柱を中心に進められてきた。そうした流れを変え、若い世代を早く結婚させようという「官製婚活」に本格的に取り組んだのが安倍政権である。二〇一二年十二月以降、長期政権になった安倍内閣によって再度、本格的に「少子化対策」がとられた。そこでは、「結婚・妊娠・出産・育児の切れ目のない支援」と「一億総活躍」がキーワードとなった。第二次安倍政権以降の官製婚活に関わる政策とその政策内容を決定した政府の審議機関、それら審議機関の代表者とそこに参加した学者ら民間有識者については、表1のとおりである。

二〇一三年三月、安倍首相は「少子化危機突破タスクフォース」（以下、タスクフォースと略記）という会議を設置した。晩婚化が進み、生涯未婚率が上昇していることを少子化の原因と見なし、結婚と出産を促進するための取り組みが提案された。若い世代の女性たちに「卵子の老化」を知らせ、晩婚や晩産を食い止めようと「生命《いのち》と女性の手帳」（女性手帳）の導入を検討したが、女性だけを対象にしていることや、個人の生き方に国家が干渉していることなどに女性運動団体などが反発し、それが大きく報道されて、立ち消えになった(5)。だが六月には「少子化危機突破のための緊急対策」として、結婚、妊娠、出産支援の実現に向けた取り組みの推進が決定された。その計画案には、結婚・妊娠・出産・育児の「切れ目ない支援」や「祖父母力」といった文言が盛り込まれた。同年十一月には、次年度予算編成に向けた「少子化危機突破のための緊急提言」（以下、緊急提言と略記）が発表され、自治体が結婚などに対して「切れ目ない支援」に取り組むための財源を確保すると約束した。

このように第二次安倍政権がタスクフォースを設置して財源確保を約束したことによって、結婚を支援するための提言が次々と出され、「官製婚活」が広がる契機になった。二〇一五年三月には「少子化社会対策大綱」が閣議決定され、結婚支援や多子世帯への配慮が明文化された。地方創生と連携して、交付金を活用した取り組みも奨励された。

第三次安倍内閣では、二〇一五年十一月に経済成長の推進力として「新三本の矢」を打ち出した。

その「第二の矢」が「夢を紡ぐ子育て支援（希望出生率一・八）」だった。「新三本の矢」では、二〇二〇年までに名目ＧＤＰ（国内総生産）六百兆円という強い経済を達成するために、「一億総活躍社会」の一環としての女性活躍や地方創生が掲げられたが、「希望出生率一・八」も、そうした「アベノミクス」経済政策の一環だった。

同年十月に設置された一億総活躍国民会議で、三世代同居や近居に向けた住宅環境の整備のための助成金や税制の控除などが受けられる施策が盛り込まれた。同会議には、前出の白河桃子のほか、増田寛也・東京大学公共政策大学院客員教授が参加している。二〇一六年六月に「ニッポン一億総活躍プラン」が閣議決定され、「希望出生率一・八の実現」が再び強調されて、女性活躍、結婚支援の充実、三世代同居など大家族のなかでの子育て支援策が盛り込まれた。

このような少子化対策の転換を、「少子化論のパラダイム転換」と呼んで評価しているのは、タスクフォースの委員で家族社会学者の松田茂樹・中京大学教授である。[6] 松田は、これまでは約二〇パーセントしかいない「バリバリ働くキャリア志向の女性」を対象にした両立支援策だったが、これからは八〇パーセントを占める「典型的家族」の出産・子育てをしやすくする施策が必要だと述べる。そして典型的家族にとって、経済的に「もう一人産めない」問題こそ解決すべきと指摘した。[7] 典型的家族とは、「夫は仕事、妻は家庭という性別役割分業を行う夫婦と子どもからなる世帯」を指す。松田は、このように少子化対策の政策ターゲットに典型的家族を据えると同時に、政策としては、特に多子世帯への児童手当・控除による経済的支援、在宅で子育てをする家庭に対する育児支援の拡充を挙げる。

一方、二〇一五年十一月の内閣府「一億総活躍社会に関する意見交換会」で、家族人口学者の加藤彰彦・明治大学教授は、「伝統的拡大家族（夫方同居夫婦）の出生確率が、別居（遠居）に比べ高い」ことを根拠に、拡大家族に、三人目・四人目を産んでもらうために児童手当などの「親手当政策（出生促進策）」を充実させ、地方の若年層を増やすために都市部からのU・Iターンの促進をすべきと提案した[8]。加藤は、「個人主義をすべて否定するわけではありませんが、でも行き過ぎたところがあったと思う」などと述べ、個人より家族や少子化対策を重視する[9]。

松田や加藤らは、典型的家族や伝統的家族が持つ再生産機能を重視する一方で、家庭内労働の担い手や家族間での労働分担には関心を払っていない。松田と加藤はいずれも、安倍首相と関係が深いシンクタンクである日本政策研究センターの機関誌「明日への選択」に頻繁に寄稿している[10]。両者の提言は、内閣府が現在推進している家族政策と多くの共通点を持っている。

2　どうして官製婚活政策が広がったのか

国の「地域少子化対策強化交付金」

安倍政権は、二〇一三年度以降、毎年「地域少子化対策強化交付金」[11]（以下、交付金と略記）として毎年三十億円前後の国家予算を全国の都道府県や市町村に分配し、結婚支援をおこなっている。これは全国知事会などからの強い要望もあり、一三年度補正予算で創設された。官製婚活は、この交付金のおかげで全国に広がっている。[12]

初年度は総額三十・一億円で、翌二〇一四年度も同額が計上された。『平成二十八年度少子化社会対策白書』によれば、二〇一三年度・一四年度の二年間を通じて、きわめて多くの自治体がこの事業に取り組み、「特に結婚支援の取組が進んだ」[13]とされ、事業総数は三百五十三件に上った。一六年度には交付金は四十五億円に増えた。

二〇一五年三月に発表された「少子化社会対策大綱」では、この年からの五年間を「少子化対策集中取組期間」と位置づけ、地方自治体との連携を強化するために財政面の支援を約束している。このように内閣府の少子化対策の交付金事業では、国は事業の実施主体である都道府県や市町村を後押しし、都道府県は市町村とともに事業を進めるなど相互連携が重要とされる。また、その事業報告を国にフィードバックすることの重要性も強調されている。これは、国家の意向に従って地方自治体が事業を進め、またそれを国家にフィードバックすることで、国家、地方自治体、地域コミュニティ、個人を巻き込んだ体制を目指すものと言えるだろう。

さらに、内閣府は交付金を活用する際に、「優良事例を横展開」するよう奨励している。効果的と思われる事業を全国の自治体で共有して、広げていくということである。これによって、全国どこでもよく似たお見合いシステムや婚活イベントがあふれかえることになった。

内閣府が推奨する優良事例がどのようなものかを見ていこう。[14]まず、内閣府が支援事業として挙げるのは、「結婚・妊娠・出産・育児までの切れ目のない支援を行うための仕組み」作りの事業である。これには、高知県の「結婚から育児までのワンストップの相談窓口の開設」や兵庫県の「大学連携による人材育成カリキュラムの作成と研修事業」、群馬県の「ピアサポーターや専門家による相談支援事業」などが挙げられている。従来別々だった相談窓口を一本化する仕組みを作った高知県の例のように、「切れ目のない支援」のための仕組み作りに資する事業である。

次に、内閣府が「結婚に向けた情報提供等」の事例として挙げるのは、富山県「とやまマリッジサポートセンター事業」や愛媛県「愛顔《えがお》の婚活サポート事業」、香川県「地域の出会い応援団事業」、茨城県「結婚よろず相談開設事業」、神奈川県横浜市「学生・未婚者に向けた啓発・情報提供」などである。情報提供事業については、当事者である独身者向けのお見合いのお膳立てや情報提供、親世代向けのサポート事業、学生など若い世代への情報提供と、大まかに三つの種類の事業が奨励されている。

さらに「結婚――育児をしやすい地域づくり」事業例として挙げられているのは、出産や育児に関するものが多いが、結婚に関するものとして、秋田県の「次の親世代向け普及啓発事業」がある。高校生や大学生などに向けて、妊娠に関する情報を提供する冊子作成やセミナー・講座を開催するなど、ライフプラン教育をおこなう事業である。

優良事例として内閣府によって選定されているのはこのようなものである。前述したように、内閣府は「優良事業の横展開」を奨励しているため、このような事業が全国各地で多く広がっているということになる。

経済政策としての官製婚活――地方創生と全国知事会

全国知事会（以下、知事会と略記）は、官製婚活や政府の交付金政策に熱心に取り組んでいる。知事会は二〇一三年に「少子化危機突破基金の創設」を、一五年には「地域少子化対策強化交付金の恒久化」を政府に要望した。結果、一三年の補正予算では、地域少子化対策強化交付金の創設が、一六年には地域少子化対策重点推進交付金の当初予算化が実現している。一七年五月には、「少子化対策の抜本強化に向けた緊急提言」として、交付金についてさらに「当初予算規模の拡充」や「運用の弾力化」を求めている。

現在、知事会の少子化対策に関わっているのは、二〇一七年四月から知事会の副会長も務める尾崎正直・高知県知事である。尾崎は、同会の次世代育成支援対策特別委員会委員長（二〇一一年四月―一二年七月）、同対策プロジェクトチームリーダー（二〇一二年七月―）など、知事会の少子化対策を長く担当してきた。

尾崎は、内閣府「結婚の希望を叶える環境整備に向けた企業・団体等の取組に関する検討会」（以下、検討会と略記）にも参加している（二〇一六年十月―十二月）。また、内閣府の委員に加わると同時に、大手婚活支援事業者の業界団体である「一般社団法人結婚・婚活応援プロジェクト」（以下、婚活プロジェクトと略記。当時の代表理事は増田寛也・元岩手県知事。現在は、辻村都雄リクルートマーケティング・パートナーズ執行役員）や、自民党が設立した「婚活・街コン推進議員連盟」（当時。現在は、婚活・ブライダル振興議員連盟〔以下、婚活議連と略記〕）とも密接なつながりを持っている。このように知事会は、大手事業者の業界団体や内閣府、自民党議員と連携をとって、婚活支援を強力に進めている。

同時に知事会は、地方活性化や地方創生の観点からも婚活に力を注いでいる。二〇一四年十一月には、人口減対策の基本理念を定めた「まち・ひと・しごと創生法」と自治体支援の窓口を一本化する「改正地域再生法」という地方創生関連法が成立している。この「まち・ひと・しごと創生法」は、「結婚、出産又は育児についての希望を持つことができる社会が形成されるよう環境の整備を図る」ことを目的に婚活も射程に入れている。多くの自治体でおこなわれている婚活事業は、人口減少対策としての移住や実質的なＵターンの奨励、婚活目的での同窓会開催など、地方創生という経済政策の事業例である場合も少なくない。例えば十和田市（青森県）には、地方創生・婚活支援係という部署があり、お試し移住のための住居の提供と、婚活サポーターの応募などをおこなっている。

地方創生と人口減少対策を兼ねた政策が盛んになったのは、二〇一四年五月に日本創生会議の座長である増田寛也・元岩手県知事が、全国の自治体のうち約半数が「消滅する可能性がある」とする報告書『ストップ少子化・地方元気戦略』を発表したこととも関係している。ちなみに増田は、すでに述べたように婚活業界団体の代表を務めるなど婚活業界に深い関わりを持つ。

福井県も婚活支援では、早くから多くの事業を進めてきた。企業・団体内に既婚者のなかから任命した「職場の縁結びさん」を置いて、独身従業員の結婚を応援する「めいわくありがた縁結び」事業を展開しているが、西川一誠知事は自らその名称を考案するほど熱心に取り組んでいる。また、

「地域の縁結びさん」には地域に溶け込んでいる僧侶を推薦するなど、婚活支援に積極的である。[15] さらに福井県では、恋人や夫婦などのカップルにはドリンクやデザートなどのサービスや料金の割り引きなどを提供する「ハッピーデート応援企業」を募集し、応援企業はカフェやレストランなど百八十店舗にまで拡大している。また、県の恐竜博物館は東急ハンズとコラボレーションして、異色の結婚式を提案するなど、婚活事業を経済政策として捉えて地域経済の活性化と絡めた事業展開をおこなっている。

このように知事会や各知事は、地方創生や地域経済の活性化という目的で、婚活事業を進めている面がある。

婚活議連・婚活業界・政府審議会の密接な関係

自民党内には、婚活業界をバックアップし、政府へと要請をつなぐ役割を果たす婚活議連が設置されている。また、増田寛也は、地方創生の提言で有名だが、婚活業界団体の代表を務めるほど業界団体と密接な関係を持っている一方で、政府の審議会などの委員も歴任している。婚活事業の推進で増田が果たした役割は大きい。婚活議連と婚活業界団体、政府の審議会の密接な関係について以下に述べていく。

二〇一三年十一月、自民党内に婚活議連が設立された。当時の代表は小池百合子衆議院議員である。小池は、「少子化対策と地域活性化という二つの国家的課題をいっぺんに片づけてしまう」と婚活支援の意義を語っている。[16] なお、小池が東京都知事に転身したので、現在は、三原じゅん子参議院議員が代表を務めている。

二〇一七年三月、婚活議連事務局長の石崎徹・衆議院議員は、衆議院内閣委員会でこの議連の成果の一つとして、交付金の創設を挙げるとともに、民間婚活支援事業者と歩調を合わせた陳情活動がこの議連の任務だと述べている。一五年六月、婚活議連の総会で、婚活プロジェクトの代表理事である増田は、活動報告や今後の事業計画を発表したうえで、婚活議連と連携し、加藤勝信・少子化対策大臣に要請書を提出している。要請書の内容は「民間婚活企業・団体への補助を可能とする予算措置や税制優遇措置の実現を図る」ことを政府に求めるものだった。すなわち、民間の婚活支援事業者らが直接、補助や優遇措置を利用できるよう、適用要件の柔軟化・弾力化を政府に要請するものであり、石崎議員らの婚活議連は、それを後押しする役割を果たしていた。

二〇一六年六月、「ニッポン一億総活躍プラン」が閣議決定され、内閣府はそれまでは地方自治体に限定していた婚活事業への支援を、企業や団体、大学など民間の取り組みまでも対象とする新たな方針を打ち出し、それを具体的に検討するために、同年十月に検討会を設置した。

ところが、検討会委員の陣容を見ると、検討する対象である婚活支援サービス業界の利害関係者が少なくない。まず、婚活支援事業者の母体企業リクルートの関連会社リクルートキャリア就職みらい研究所長の岡崎仁美が参加している。さらに佐藤博樹座長と東京大学社会科学研究所准教授の三輪哲委員は、大手婚活支援事業 O-net の前身であるオーエムエムジーから、自らが関わる「研究会の運営費を奨学寄付金として支援[17]」を受けていたのである。緊急提言で要請した側の知事会を代表する尾崎正直知事も、利害関係者の一人と言える。交付金運用のあり方を検討する会に、座長を筆頭に婚活支援業者と深く関わっている委員がこれだけ多いと、審議内容についての判断の公平性が担保されているとはとても言えない。内閣府の他の少子化対策関係の審議会一般にも言えることだが、同一人物の委員兼任や歴任が顕著で「政府お抱え」とも言えるほどだ（表1を参照のこと）。その一方で、婚活事業の対象であるはずの勤労者の代表は不在というありさまである。

こうしたメンバーからなる検討会はどのような提言をしているのだろうか。検討会は、結婚支援サービス費用の国からの一部補助、民間企業から自治体の婚活事業への情報提供を提言しているが、これは婚活議連が婚活支援事業者の要請として内閣府に求めていた内容と一致している。つまり、業界団体の要請が実質的に認められたことになる。提言では大学にも言及していることから、問題含みの「妊娠適例期」などの情報提供をおこなうライフプラン教育が、今後、大学生にまで対象を拡大していくことが危惧される。

こうして政策決定された官製婚活は、実際にはどのように推進されているのだろうか。そこで次節では、主に富山県の官製婚活の事例に即して、運営側と利用者側の実情に迫る。

3　官製婚活は、いまどうなっているのか

自治体婚活の現場――とやまマリッジサポートセンター

内閣府が交付金適用の優良事例として横展開を奨励しているものに、富山県の結婚支援事業「と

やまマリッジサポートセンター事業」（以下、センター事業と略記）がある。これはコンピューターを使った一対一のお見合いシステムである。愛媛県は蓄積したお見合い事業の会員や婚活イベント参加者などの大量の電子情報「ビッグデータ」をマッチングに活用しており、このシステムの先進県として知られているが、岩手県、山形県、岐阜県、徳島県、鹿児島県など富山県以外にも多くの自治体で横展開されている。ただし、富山県は愛媛県のようにビッグデータを利用しているわけではない。

富山県は、二〇一四年十月に同事業を開始してマリッジサポートセンターも開設した。このセンターは、富山県庁の少子化対策・県民活躍課（二〇一七年四月に組織再編。以前は、地方創生推進室）が統括し、富山県法人会連合会に運営を委託して、婚活のスキルアップセミナーや講演会も実施している。

この事業には二〇一四年度から一五年度の二年間で総額三千七百五十万円（うち国の交付金は二千四百万円）の税金が投入されている。当初は年間の新規登録六百人、成婚三十組を目標としたが、設立二年を経た一七年一月末時点でセンターの登録会員数は六百六人、成婚報告数は総計二十一組（富山県発表資料[18]）と目標にはほど遠い。担当者に、費用対効果についての考えを尋ねたところ、二〇一六年度のカップル数（二〇一六年十月末までの実績）が八十一組になるので、事業効果があったと考えているとの回答だった。しかしながら、このカップル数は「出会った」だけで、実際に結婚にまでいたるかどうかわからない数字である。現実に四千万円近く税金を投入したのに、成婚は一年十組程度にとどまっている。

このマッチングシステムには本人の情報として、身長、最終学歴、雇用形態、職業、家族構成、結婚歴、子どもの有無、扶養家族などが記入されるほか、相手への希望としても、年齢、身長、職業、年収、最終学歴、婚歴、子の有無、婿養子の希望、結婚後の同居の可能性、飲酒・喫煙の有無などについて、細かく記入することになっている。

部落解放同盟北陸事務所事務局長の吉田樹によれば、こうした詳細な情報を記載させることについて、センター設立当初から「行政が結婚相手を選ぶ際の基準を例示しているようなもので、差別を助長する価値観を植え付けている」「最終学歴や雇用形態、年収などの記載を求めれば登録を躊躇する人もいる。結果として一部の人を排除している」などと部落解放同盟が抗議をしてきた経緯があるという。(19) 県側は、他県でも同様な事業をしている、当事者同士が相手を探す仕組みだから問題はないと説明しているという。だが、部落解放同盟は納得せず、継続協議中だという。

また、このお見合いシステムは、申し込みに際して、「独身証明書（戸籍抄本での代用も可）」の提出を義務づけていたが、「戸籍などの代用可は差別をなくす営みに逆行している」と部落解放同盟が抗議したため、県は二〇一五年十一月から「戸籍などの代用可」を削除した。富山のケースと同様に差別につながる情報の提供を求めている愛媛県や兵庫県ではいまだに課題化されていないのが実情という。

結婚相手を選ぶマッチングシステムの運営を委託されている富山県法人会連合会は市内のビルの一室を借り、元行政管理職の室長を雇っている。だが実際にお見合いに同行するお見合いサポーターや、婚活パーティーで参加者をサポートするイベントサポーターは、いずれもボランティア市民である。行政が税金を使っておこなっているといっても、実際の運用に携わっているのは、ボランティア市民であり、しかも、定年退職した高齢者などが多い。「あとはご両人でどうぞ」と言って帰ってしまったりと、「場を作るだけで何もしない」といった利用者の不満もある。

どうしてそうなのか。従来の富山県結婚相談所は、「女性保護富山県民協議会」に委託し、相談所の場所が富山県社会福祉協議会の一部に置かれていた。富山県は、従来は相談所スタッフが仲人役を務める仕組みだったが、現在のセンターでは、「登録者同士が〝本人の意思で相手を選ぶ〟ので仕組みが異なっている」から問題はないと部落解放同盟に対して説明していると、同同盟の吉田は述べている。[20]このことから推察すると、「場を作るだけで何もしない」のは、婚活事業を展開させたいが、差別を助長しているという問題には正面から取り組みたくないと富山県側が考えているせいで生まれた矛盾ではないかと思われる。

センターの運営の課題——「行政という信頼」と民間委託

センター利用者の一人である四十代男性のAさんによれば、「数年前までは街コンとかが盛んだったけど、ナンパ目的の男性が交じってきていて、女性が毛嫌いするようになったからなくなった。女性はそういうところに行きたがらない。だからいまは女性が少ない。それに年齢区分がないところでは若い人に人気が集中することもあり、それを嫌って〔一定以上の年齢の：引用者注〕女性はあまり入ってこない[21]」という。

同じく利用者で三十代男性のBさんも、パーティーにはサクラが交じっているとも語り、婚活目的で真面目に参加しているとバカバカしくなるときもあると吐露していた。それでもBさんは「行政の婚活」に信頼感を置いて参加している。

また、男性向けの婚活セミナーでは男性講師が参加者に向けて、婚活パーティーに出たら「その日のうちにお持ち帰りしてくださいと言うんですよ。「あんたたちは、今日のパーティー、十六時から始める意味がわかる？　この後、二次会や三次会に誘えるように、早くから始めているんだよ」と」言ったという。セクハラになりかねない言葉に聞こえるが、私がBさんに、「それはナンパをしろということですか？」と尋ねると、「そういうレベルです」と答えていた。婚活セミナー講師は、もとは別のイベント事業をおこなっていたが、NPO団体を新たに作って婚活事業に進出してきたのだという。

インターネットでイベント情報を見る婚活利用者は、県のウェブサイトに掲示されているので県が主催の婚活パーティーやセミナーと勘違いしがちだが、実際は自治体が民間業者に委託しているケースが多い。「行政だから」と信頼して参加する人をあざむくことになりかねない。兵庫県の自治体の婚活事業にも結婚紹介業を手がけていた民間業者が関わっていたりと、民間と自治体の婚活は、実際の婚活現場では入り交じっていて判別しがたい。[22] Bさんによれば、富山県の婚活事業も、すでに民間業者がかなり参入しているという。

二〇一七年一月にセンターを訪ねた際に、室長の赤尾雅子に「お持ち帰り」発言について尋ねた。すると、イベントの「主催は民間業者だから、ウチは関係ない」という答えが返ってきた。だが、「行政だから」と信頼して参加している人も多いことに対してどう応えるのかと尋ねると、「ある程度目を光らせていくってことでしょうか」と言うのみだった。また、サクラが交じっているという点について、「結婚目的ではない人も参加・登録できますか？」と確認したところ、「あなたはきたらダメですとは言えない。一応どなたにも門戸を開いている。そこは悩ましいところです」と、そうした問題があることについては認識しているが、打つ手がないという答えだった。

官製婚活は、民間がおこなっていた婚活支援に自治体が参入するという点で、他の多くの領域に見られる自治体業務の民間委託の流れとは逆のように思われているが、実際に起きているのは婚活事業の一部の民間委託のようである。

だが、恋愛や結婚、家族など個人のプライベートな領域に介入するので、自治体は委託先に対して、個人情報の保護や守秘義務などを厳しく求めることになる。そのため、委託先の選定に関しても他の領域以上に慎重になる必要があるだろう。その点はどのようにして担保されているのだろうか。

利用者Ｂさんによると、狭い地域社会なので、現在の情報閲覧の方法には問題があるという。「［タブレット上の会員情報の閲覧で：引用者注］知っている人を見ることもあります。恥ずかしいです。さらし者になるんですよ。女性のほうがいやでしょうね。友達が、三十代後半の養護の先生ってこんなに給料もらえるんだと言っていた。好奇の目で見る人がいるから、いまの閲覧の仕方では問題があると思う。間に入って、あなたに向いている人にこんな人がいますよと言って見せてくるのが本来のお見合いだと私は思う。どうぞ見てくださいと言って全部見ることができるこのやり方は、私は疑問に思う」。詳細な個人情報を掲載している一方で、すべての会員情報を自由に閲覧できるコンピューターマッチングは、個人情報保護の観点からは問題含みだと思われる。

二〇一七年、富山県議会二月定例会代表質問で井加田まり県議が情報管理の問題について知事に問いただしたが、知事はその質問には答えなかった。コンピューターによるお見合いシステムは、愛媛県が最初に始めたものだが、内閣府によって優良事業に選ばれて横展開されていることから、同様の問題は多くの自治体で起きうる。富山県の例は氷山の一角にすぎないだろう。これは全国の自治体に広く共通する検討課題だと思われる。

自治体婚活支援への民間婚活事業者の本格参入

二〇一四年十月、富山県のマリッジサポートセンター開所式の記念講演に登壇したのは、大手民間結婚支援事業者であるＩＢＪ（日本結婚相談所連盟、東証一部上場）の石坂茂社長だった。ＩＢＪは、「地方自治体の婚活支援をお手伝い！　町おこし婚活支援 by ＩＢＪ」というウェブサイトを立ち上げ、自治体婚活を請け負う体制をとっていて、セミナー実績として富山県もリストアップされている。(23)

また、同じく婚活支援事業者であるパートナーエージェントも、地方自治体の結婚支援事業の受託に力を入れている。同社は、すでに「parms」という結婚支援システムを開発し、地方自治体に提供している。最近では、福島県「ふくしま結婚・子育て応援センター」での結婚支援事業を受注し、包括的に支援した。他にも佐賀県、三重県、京都府などでも婚活支援業務を受託していて、二〇一六年三月期には十四自治体、一七年三月期には十九自治体（予定）へと拡大されているという。(24)

また、「自治体婚活はパートナーエージェント」というウェブサイトも立ち上げている。

　他にも日本ブライダル連盟やノッツエなど、多くの大手・中堅民間婚活事業者が、自治体との連携を図っている。二〇一六年一月、婚活プロジェクト（当時の代表理事は増田寛也）は、「成果の出る結婚支援のために、地方自治体向けの婚活事業導入支援」を開始すると発表している。

　自治体婚活とは名ばかりで、実際の運用は地元の婚活事業者はおろか大手婚活事業者までがおこなっているというケースも増えている。従来は「うさんくさい」という印象で見られがちだった民間婚活事業者にとって、自治体の婚活事業への参入は、業界のイメージを刷新できるという点でも歓迎すべきことなのだと思われる。

　民間婚活事業者の参入は、さらに次のステージに進みつつあると言える。慣れない婚活事業の運営に苦しんでいる行政に代わり、婚活のプロである大手民間婚活事業者が国の補助金によって官製婚活を実質上請け負っていくという段階にきているのである。今後、この傾向はさらに強まっていくと予測される。

　さらに、リクルート系列の大手民間結婚支援事業者ゼクシィは、「自治体公認　まちキュンご当地婚姻届」(25)という、ご当地オリジナルのデザインによる婚姻届サービスを全国各地の自治体と連携して実施している。戸籍は国家が国民を管理するツールだが、それにファッション性を加えることで商品にしているのだ。しかも、このビジネスに多くの自治体が主体的に参加していることに驚かされる。

　政府の交付金によって自治体の婚活事業が生まれたことは確かだが、知事会が果たした積極的役割も大きかった。一方で、現在自治体がおこなっている婚活支援事業の一部は、すでに民間業者の請け負いによって運用されているのが実情である。

さらに、自民党が設立した婚活議連や、それと連携する婚活プロジェクトに関わる大手婚活業者の存在も大きく、そうした団体の要請書などを背景に、二〇一六年末の内閣府の検討会では、自治体がおこなってきた婚活サービスだけではなく、民間団体や大学などにまで行政の補助を拡大することが決まった。だが、全国展開する大手婚活支援事業者の動きはすでにその先をいっている。おそらく今後、地方の婚活事業に全国展開している大手企業が入り込んでくるケースが増えることが予想される。

次節では、官製婚活のさらなる展開として、結婚や出産を当然すべきものとしてライフプランに組み込むように指導するライフプラン教育や、そのために作成される行政のパンフレットの問題点について論じる。

4 今後、何が広がっていくか

ライフプラン教育――「妊娠適例期」というプレッシャー

二〇一三年の「女性手帳」の導入案以来、二十代で結婚して子どもを持つことを奨励する婚活・妊活キャンペーンでは、「卵子の老化」が強調されてきた。これが誤解や流言を生み、婚活現場では現在、「三十五歳以下の女しかいらない」などの差別や「障碍児が生まれるかもしれないから」と男性が女性を「産める女」と「産めない女」に選別する動き、さらには障碍児を排除する思想が生まれている。[26]政府の情報発信や政策が、性や生殖に関する女性の権利の視点を欠いていることの弊害は深刻である。

この「卵子の老化」という言説をさらに別の形で広めているのがライフプラン教育である。自治体や大学がおこなっているライフプラン教育とは、若者に結婚、妊娠・出産、子育てなど、将来の人生設計（ライフデザイン）を具体的に考えさせるものだが、第二次安倍政権で婚活支援の取り組みを始めて以来、「妊娠適例期」の知識を啓蒙する傾向が強まった。若い世代の妊活を提唱する白河桃子は、一億総活躍国民会議などの政府の審議会で、中高生ら学生にライフプラン教育をおこなうべきだと強くはたらきかけていた。

また、日本政策研究センター機関誌「明日への選択」では小坂実が、「出生数百万人割れという「非常事態」」という表題の危機をあおる記事で、「ライフデザイン教育で二十代の結婚を増やそう」とライフプラン教育を推奨している。[27]

すでに、岐阜県、秋田県、三重県、富山県などが、学校教育の場で中高生向けに「生き方を考える」などの冊子を独自に作成して配布すると同時に、「妊娠には適齢期がある」などと教える講座を実施している。同様の施策は大学でも実践されている。

例えば、岐阜県の冊子「未来の生き方を考える」では、「妊娠には「適齢期」がある」として、既婚女性の不妊率の図を示し、「年齢が高くなるにつれて、不妊率が上がってるね」「欲しければいいつでも子どもは持てる、というわけではないんですね」などという会話体の文章を添えることで、「子どもを持つなら若いうち」という暗黙のメッセージを送っている。「三十歳までに一人目を産むことができれば、二人目、三人目の出産にも前向きになれそうね」といった、早くたくさん産むことを促すような言葉もある。他にも「女性の年齢の変化による卵子の数の変化」など、高齢になると妊娠しづらくなることを示す図がいくつも掲載されている。こうした「妊娠適例期」情報によって「早く、多く産め」というプッシャーを女子学生に与える冊子は、他の自治体にも見られる。優良事例の横展開の弊害とも言えるだろう。

二〇一六年十二月に内閣府の検討会でまとめられた提言にも、今後の取り組みとして、「ライフプランニング支援の取組推進」という文言が、繰り返し出てくる。早く結婚して子どもを多く持つことを理想のモデルとして提示するライフプラン教育は、今後全国の学校で取り上げられる可能性があり、注意を要する。

二〇一六年に富山県教育委員会が高校生向けに「とやまの高校生 ライフプランガイド 自分の未来を描こう」という冊子を作成したが、これに関わった高校教員は、文科省「若者のためのライフプラニング支援」に関する委員会の委員を務めていて、この冊子も国の「ライフプランニング支援」モデル事業として作成されている。

地域の婚活サポーターをしている女性のコラムや「三世代同居」家族が登場し、結婚して子どもを持ち、両親とも近居で寄り添って暮らすという、安倍政権が推奨する規範的な家族像がいたるところで示されている。ちなみに地域の婚活サポーターが執筆しているコラムのタイトルは「地域でおせっかい――命のバトンをつなぐ」であり、結婚とは子どもを持つことだというメッセージとなっている。コラムでは、「〔結婚し：引用者注〕家族が楽しく暮らすことができたら、街も地域も元気になる」と社会の繁栄と結婚を直結させてもいる。中高生向けの副教材で社会の繁栄と結び付けて結婚や出産の価値を強調している点では、「お国のために」という思想まであと一歩の危うさが見られる。

廃案となった「女性手帳」同様、「妊娠のしやすさと年齢」に関する不確実な学説を採用している点で、女性に妊娠・出産を強要する圧力となりかねない危険性も見られる。内閣府の男女共同参画・重点方針専門調査会委員を務め、富山でも産婦人科院長をしている種部恭子医師が「妊娠には、適齢期がある。」というコラムを執筆しているのだが、「子どもを欲しいと考えるなら何歳までに何人産み育てたいのか」、適切な妊娠の時期を考えるようにと促している。「三十五歳以上で出産数（≒妊娠数）が急速に減る」と指摘し、女性は卵細胞数の減少によって「三十七歳をすぎると」「なかなか妊娠しにくくなる」と解説する。だが、「なかなか妊娠しにくくなる」という年齢帯が三十七歳だとわかる図は示されていない。

冊子では、「女性の年齢による妊孕性の変化」「年齢による卵細胞数の変化」という女性の妊娠のしやすさに関わる二つのグラフを掲示し、「十〜二十代は、〝生物的に〟妊娠・出産に最も適した年代」であると示そうとしている。だが妊孕性のグラフは、二十歳から五十歳までの女性千人あたりの出生数を、十七・十八・十九・二十世紀ごとに示し、時代が現代に近づくにしたがって、また女性の年齢が上がるにしたがって、出生数が減ることを示している。しかし、どこの国のどのような条件下の数値であるかなどについて一切の説明がないどころか、出典さえも示されていない。

この冊子が刊行されたのが二〇一六年三月だが、すでに一五年八月には文科省作成の高校向け副教材「健康な生活を送るために」に掲載された妊娠しやすさグラフが改竄されていたことが発覚している。このような不正確なグラフによって女性を若いうちに出産させようと誘導する副教材が、問題が指摘された後にも文科省のライフプラン教育の一環として刊行され続けているのは、どうしたことなのだろうか。

さらに問題なのは、この冊子には、産む方向での情報が豊富な一方で、産むか産まないかを自分で決めるという視点や、性暴力や避妊に関する情報がない。産まない場合や産みたくない可能性への視点はまったく見られない。異性愛者で子どもを持ち、三世代同居や近居で親世代の助けを得て子育てをする、という家族こそが「富山の家族」だというメッセージを、冊子は高校生に伝えようとしている。

こうした中高生向けの冊子や妊娠適例期を教える講座が全国で続々と展開されている。ライフプラン教育は、戦中の「産めよ殖やせよ」教育に限りなく近づいているのではないかと危惧される。

おわりに

二〇〇六年に始まる第一次安倍内閣は、「美しい国づくり内閣」を掲げる一方、男女共学条項を削除し、保護者が子どもの教育の第一義的責任を持つとする家庭教育の条項を新たに設けるなど教育基本法の改正をおこない、家族の価値に重きを置く方向性を示した。少子化対策でも、「新しい少子化対策」（二〇〇六年六月）として「家族の日」や「家族の週間」を制定し、「家族の絆」といった家族の重要性を認識させる動きが見られた。〇七年一月、柳澤伯夫・厚生労働大臣が「女性は子どもを産む機械」と発言して失言だとの批判を浴びたが、安倍内閣の方針とは齟齬がなかったと言える。第一次安倍内閣は「家庭への国の介入」を強める大きな転換点だった。

第二次安倍内閣は、さらに官製婚活に乗り出した。結婚して子どもを二人三人と持つことこそが重要とし、企業や自治体に家族のあり方や妊娠・出産などのプライバシーを管理させ、国家に貢献させるという社会を作ろうとする動きがすでに始まっている。さらに中高生などには、文科省の事業として、国が望ましいと思う伝統的家族を作るように誘導する教材が提供されている。各都道府県ごとに作成され、郷土自慢などで変化をつけているが、「早く結婚して妊娠しよう」と女子生徒にプレッシャーをかける点では共通している。

安倍政権の取り組みは、女性の人権ではなく家族保護、国家のための家族という家族観・国家観を重視する点で一貫している。女性活躍、婚活支援、三世代同居支援はそれぞれ別個の政策だが、その背景にある思想は、性別役割分業による「典型的家族」や先祖から子孫への縦の関係を重視する「伝統的家族」に価値を置く点で一貫している。このことは本書の第1章「家庭教育支援法について」（二宮周平）、第2章「親子断絶防止法案について」（千田有紀）、第4章「自民党改憲草案二十四条の「ねらい」を問う」（若尾典子）が論じている家庭教育支援法案、親子断絶防止法案、自民党の憲法改正草案などとも共通するだろう。ただ、忘れてはならないのは、官製婚活は経済政策であるアベノミクスの一環であり、地方創生という地方経済の活性策としておこなわれている事業だということである。

実際、婚活支援の方向性を決める政府の検討会は、業界団体と自民党国会議員、知事会などの要望の後に設立されている。そして検討会には、関係業界の利害関係者が少なくないうえに、そこでの提言も業界団体などの要望に沿った内容になっている。

地方の婚活現場を取材すると、自治体婚活と民間婚活の境界線さえ実質的になくなっている現状が見て取れる。安倍政権が経済政策としてねらったとおり、潤沢な交付金や補助金を求めて企業やNPOが群がっている。大手婚活支援事業者はすでに自治体婚活を請け負う事業のプラットフォームを構築したうえで、これまでの自治体婚活の実績を広報し、事業の大幅拡大をねらっている。婚活事業に乗り出した各自治体が、今度はそれを、全国展開している大手民間業者に委ねていく流れができている。これは、本当に「地方創生」と言えるのだろうか。

さらに、現場で生じている課題も多い。そもそも国が地方自治体に予算を与えることで自治体が個人の生活に介入するようになること自体、大変危うい。婚活を希望する人だけの事業だと国や自治体は言うが、もはや希望する人だけではなく、社会全体に結婚を強要しかねない空気が作られている。シングルでいたい人、同性愛者、諸般の事情で子どもを持てない人、あるいは持ちたくない人などにとって、「いいね！結婚」などの結婚礼賛気運の醸成は、息苦しい抑圧しか生まないだろう。

個人が自由に生き方を選択することよりも、少子化対策としての結婚や出生数の増加が優先される風潮が強まることで、個人の産む／産まないという自己決定権がなし崩しになる恐れがある。少子化対策を錦の御旗とした国家を挙げた現在の取り組みには、多くの疑問符を付けざるをえない。問題に気づき、現状を変えようとする動きが一部であれあることが、せめてもの救いである。
経済政策としての官製婚活の現状と課題を見てきたが、私たち個人のプライベートな領域に国や地方自治体が介入することの危険性を、いま一度あらためて考えるべきだろう。

注

（1）福井県の結婚支援策については、拙稿「国家プロジェクトと化した「婚活」――莫大な税金投入は誰のため？」「wezzy」（http://wezz-y.com/archives/38590/）参照。
（2）山田昌弘／白河桃子『「婚活」時代』（ディスカヴァー携書）、ディスカヴァー・トゥエンティワン、二〇〇八年
（3）山田昌弘編著『「婚活」現象の社会学――日本の配偶者選択のいま』（東洋経済新報社、二〇一〇年）には、婚活支援策のデメリットも論じている大瀧友織「自治体による結婚支援事業の実態――そのメリットとデメリット」も収録されているが、全編を通じた問題意識は、「少子化対策を考える上で、有為な書物として受け取られれば幸いである」（前掲『「婚活」現象の社会学』一六ページ）という言葉に代表されるように、少子化対策としての婚活政策の奨励である。
（4）西山千恵子／柘植あづみ編著『文科省／高校「妊活」教材の嘘』（論創社、二〇一七年）は、皆川

満寿美「「結婚支援」と少子化対策――露骨な人口増加政策はいかにして現れるか」、大橋由香子「人口政策の連続と非連続――リプロダクティブ・ヘルス／ライツの不在」などを収めている批判的観点からの研究である。

（5）しかし、この女性を対象にするという発想は、形を変えて展開することになる。二〇一五年に高校の保健の副教材に妊娠しやすさのピークを二十二歳と改竄したグラフを掲載させたり、中高大学の女子学生向けのライフプラン教育として実行されていくのである。高校の保健の副教材の問題については、前掲『文科省／高校「妊活」教材の嘘』を参照。

（6）松田茂樹「少子化をいかに克服すべきか」、松田茂樹／加藤彰彦『「少子化」克服への処方箋――少子化・人口減少の原因分析と政策転換の提唱』（政策ブックレット）所収、日本政策研究センター、二〇一四年

（7）松田茂樹『少子化論――なぜまだ結婚、出産しやすい国にならないのか』勁草書房、二〇一三年、三五ページ

（8）「第三回 一億総活躍社会に関する意見交換会（二〇一五年十一月十八日）議事要旨」（http://www.kantei.go.jp/jp/singi/ichiokusoukatsuyaku/iken_koukankai/dai3/gijiyousi.pdf）［二〇一七年七月一日アクセス］。加藤彰彦の考えは、「希望出生率一・八をいかにして実現するか」（http://www.kantei.go.jp/jp/singi/ichiokusoukatsuyaku/iken_koukankai/dai3/siryou5.pdf）［二〇一七年七月一日アクセス］で一覧できる。加藤への批判は、山口一男「「伝統的拡大家族」の復活は少子化対策として望ましいのか?」「HUFFPOSTブログ」（http://www.huffingtonpost.jp/kazuo-yamaguchi/traditional-family-style_b_8857564.html）［二〇一七年七月一日アクセス］も参照のこと。

（9）加藤彰彦「出生数を維持する「親手当」政策の提唱――大胆な多子傾斜給付にもとづく「出生促

進」へ政策転換を」、前掲『「少子化」克服への処方箋』所収、二四ページ
（10）松田は「講演録 少子化をいかに克服するか」（「明日への選択」二〇一四年九月号、日本政策研究センター）、加藤は「講演録「少子化」克服は「強い家族」の復権から」（「明日への選択」二〇一四年十二月号、日本政策研究センター）、「「家族人口政策」に転換せよ――インタビュー この人に聞く 少子化・地方消滅克服へ」（「明日への選択」二〇一六年五月号、日本政策研究センター）などを寄稿している。
（11）二〇一五年から「地方少子化対策重点推進交付金」と名称が変わった。本章では交付金とする。
（12）二〇一六年度の「交付金決定済自治体一覧（二〇一七年一月二十五日現在）」（http://www8.cao.go.jp/shoushi/shoushika/meeting/koufukin/h28/pdf/koufukin-itiran.pdf）〔二〇一七年七月一日アクセス〕
（13）『平成二十八年度少子化社会対策白書』内閣府、二〇一六年、八二ページ
（14）「結婚・妊娠・出産・育児までの切れ目のない支援」（http://www8.cao.go.jp/shoushi/shoushika/kiremenai/effort_detail/）〔二〇一七年七月一日アクセス〕
（15）拙稿「「官製婚活」で結婚・出産を強要？」「週刊金曜日」二〇一七年一月二十七日号、金曜日
（16）「産経新聞」二〇一三年十一月二十七日付
（17）佐藤博樹／永井暁子／三輪哲編著『結婚の壁――非婚・晩婚の構造』勁草書房、二〇一〇年、iiページ
（18）「〔資料2〕県の結婚支援の背景と取組み」（http://www.pref.toyama.jp/cms_pfile/00017401/00977647.pdf）〔二〇一七年七月一日アクセス〕
（19）部落解放同盟北陸事務所事務局長である吉田樹からの聞き取り（二〇一六年十二月十九日、一七年

五月二十一日)。

(20)吉田によれば、センターの前身の富山県結婚相談所時代にも細部にわたる個人情報の記入を求めていて、部落解放同盟は問題を指摘して交渉してきたという。その結果、富山県は二〇〇九年六月から、結婚相談申込書の記載欄は、一九九七年の全国社会福祉協議会・厚生省通達による「全社協六項目」(氏名、生年月日、本人の職業、趣味、自己PRの六項目)に基づいて運用していると回答したという。「解放新聞」も参照(http://www.bll.gr.jp/siryositu/siryo-syutyo2010/news2010/news20100222-2.html)[二〇一七年七月一日アクセス]。

(21)富山県のセンター利用者の四十代男性と三十代男性を対象に、二〇一六年十二月十八日、同年十二月十九日に富山県内で筆者がおこなった聞き取りによる。

(22)前掲「自治体による結婚支援事業の実態」一一一ページ

(23)「あなたの町の婚活支援を応援します!——婚活のプロがお手伝い!」(http://www.ibjapan.jp/machiokoshi/)[二〇一七年七月一日アクセス]

(24)「ブリッジレポート」(http://www.bridge-salon.jp/report_bridge/archives/2016/11/161115_6181.html)[二〇一七年七月一日アクセス]

(25)「自治体公認 まちキュンご当地婚姻届」(https://www.recruit-mp.co.jp/machi/)[二〇一七年七月一日アクセス]

(26)詳細は、前掲の拙稿「「官製婚活」で結婚・出産を強要?」一九—二〇ページを参照。

(27)小坂実「出生数百万人割れの「非常事態」——その深刻さと対策を考える」「明日への選択」二〇一七年二月号、日本政策研究センター、一三ページ

第4章

自民党改憲草案二十四条の「ねらい」を問う

若尾典子

はじめに

近代憲法の歴史は、有産市民男性から労働者・女性へと権利保障の具体化のプロセスであった。その一つの到達点が日本国憲法である。日本国憲法は、教育勅語の忠孝道徳に基づく絶対服従や天皇制国家によるアジア太平洋圏での戦争犯罪を反省し、基本的人権・国民主権・戦争放棄という三大原則を戦後日本の基本として定めた。基本的人権と国民主権は近代憲法を構成する基本原則だが、国家主権の放棄を意味しかねない憲法九条の戦争放棄は、日本国憲法に登場する新しい憲法原則である。

この憲法九条とともに、「家庭内の両性の平等」原則を謳う憲法二十四条も、世界の憲法史上初めての規定である。両性の平等原則は、選挙権など公共生活に限定され、私生活では妻が夫に従う両性の不平等が夫権として確保されていたからである。

したがって、日本国憲法の九条と二十四条は、近代憲法の二つの支柱である「国家」と「家族」の規範論を突破するものだった。[1] 近代国家とは国民国家と同義であり、国民国家は対外的な国家暴力、すなわち軍事力によって担保される。他方、家族も男性優位、すなわち夫権を前提として、公共圏から分離される私生活圏として、夫＝父の家父長的暴力によって担保されてきた。この制度化された近代の公私の暴力性に対し、日本国憲法九条の軍事力放棄と二十四条の家庭内の両性の平等は、まさしく対をなして対抗論理を構成している。これは、近代に構築された国民国家と近代家族を脱制度化する原理にほかならない。こうした「近代を超克する」非暴力論が、日本で規範論として七十年間以上受け入れられてきており、すでに大日本帝国憲法よりも長期に及んでいる。その理由は、イエ制度のもとでの悲惨な暮らし、軍隊体験、空襲体験、そして原爆被災という破局的体験に裏づけられていたことにある。

しかし現実には冷戦体制の下で日本は、西側諸国の一員として軍事力を再建強化してきた。同時に、それ以上に目立つのは、家庭内での両性の平等に関する遅れである。欧米諸国では一九八〇年代以降、夫権は破棄され、家庭内の両性の平等が進展して、子育てを軸とする家族生活への支援制度が整備されてきた。これによって女性の公共参加も大きく進み、ポジティブ・アクションも採用され、政治的意思決定に関わる場所での両性の平等が確保されつつある。

これに対し日本は、憲法二十四条の規定にもかかわらず、選択的夫婦別姓制度の導入が阻止されたまま、夫権の維持・強化がもくろまれる一方、国会議員の男女比にも示されるように、公的領域のジェンダー・ギャップは国際的に突出している。この公私における両性の平等保障の遅れこそ、家族主義に基づく日本民族主義復権の土壌であり、東アジアの軍事情勢に対応する戦争体制の構築を志向して、日本国憲法の「全面的改正」が打ち出されている。二〇一二年に自民党が発表した「日本国憲法改正草案」（以下、改憲草案と略記）である。「全面的改正」の中心は当然のことながら、九条と二十四条である。

いままた天皇制家族国家の伝統を呼号しながら、国際協調主義に代わる新たな軍国主義と、個人の人権尊重に代わる家族主義が前面に押し出され、憲法九条と二十四条の実質的な廃止が改正草案の眼目になっている。だが、九条と二十四条の憲法改正は、最近になって喧伝されるようになったものではない。すでに自由民主党の結党時から、その党綱領の中心的課題だった。その党名にもかかわらず、自由民主党は国際的な民主主義の流れよりも、日本民族主義への回帰を当初から強く志向していた。

とはいえ、日本民族主義への回帰は、戦後、ほぼ一貫して政権の座にありながら、自民党によって具体化されてはこなかった。天皇自身が戦後二代にわたり、そうした方向に棹差すことを望まなかった。建国記念日の制定、公共機関への元号記載強制、日の丸・「君が代」強制など、いわば外堀を埋める作業は、着実に進められてきた。しかし、最大の眼目の憲法改正は実現しないまま、時が経過してきた。そしていま、東アジア軍事情勢の険悪化を好機として、憲法九条と二十四条を骨抜きにすることで日本国憲法を近代憲法以下の水準におとしめ、国際的に最先端の憲法規範を、日本民族主義の道徳綱領に置き換える、およそ時代錯誤の改憲草案が登場している。

そこで以下、第一に、憲法二十四条に関する改憲要求の歴史的経過を振り返る。第二に、二〇一二年に発表された改憲草案の特徴を改憲草案前文から検討して、改憲草案二十四条に込められるねらいを明らかにする。そして第三に、改憲草案二十四条を、世界人権宣言との比較から検討する。

１　日本国憲法二十四条への攻撃

一九五〇年代の改憲要求

九条と二十四条をともに「改正」しようとする動きは、今回の改憲草案が初めてではない。一九五二年、ＧＨＱ（連合国軍総司令部）の占領が解除されるとすぐに改憲論が登場し(2)、九条と二十四条をともに攻撃の対象とし始めた。五〇年代、政権政党を含む保守党は、アメリカからの要請もあり、日本の再軍備のために九条を改正し、憲法に軍隊保持を明記することを提案した。同時に、改憲要求には、二十四条改正も掲げられていた。政権政党だった自由党は五四年、自由党憲法調査会（会長：岸信介）「日本国憲法改正案要綱並びに説明書」で、軍隊保持とともに家族に関して次のような提案をしている。「夫婦親子を中心とする血族的共同体を保護尊重し、親の子に対する扶養および教育の義務、子の親に対する孝養の義務を規定する」と。「血族的共同体の保護尊重」を掲げ、「親孝行」を憲法二十四条に明記する、という要求である。その理由は「占領軍は憲法二十四条と、民法の改正によって、我が国の家族制度に根本的変革を加えた。（略）日本の弱体化という占領政策の宣に副って実行したものである(3)」というものであった。改憲派は、憲法二十四条の改正によってイエ制度の復活を意図したのである。

当初、憲法改正に関する世論調査では、改憲賛成派が反対派を上回っていた(4)。ところが政党による改憲案が提示されると改憲反対運動が盛り上がり、世論調査でも改憲反対派が賛成派を上回るようになった。結局、一九五五年二月の衆議院選挙、五六年七月の参議院選挙で、改憲賛成派が三分の二以上を占めることができず、その後、四十年間以上、改憲の動きは沈静化する。

その原因は、改憲派が九条と二十四条を結び付けたところにあった。改憲派は、強い日本軍を支えたのはイエ制度であり、日本軍の復活にイエ制度は不可欠だと考えていた。憲法二十四条が「わが国の家族制度」を「日本の弱体化という占領政策」のもとで否定し、日本の「国体」を破壊したという認識は、当時の改憲派に共通していた。

この憲法二十四条への攻撃は、反対に、改憲反対運動を大きく盛り上がらせた。日本軍とイエ制度の結び付きは、人々に戦争体験を生々しく想起させた[5]。戦場に行くことも、戦場に送り出すことも、イエのためであり、それがひいては「天皇」のためだ、と言われていたことがどんな結果をもたらしたのかを身をもって体験したばかりだった。敗戦によってイエ制度が廃止されたことは、「家族」に平和を取り戻したことを実感させていた。ここに、多くの女性と若者が改憲反対運動に参加した理由がある。そもそも憲法二十四条は、九条とともに制定当初から絶大な人気を得ていた。一九四七年に「朝日新聞」に連載された石坂洋二郎の小説「青い山脈」は、二十四条をテーマにしていたが国民的人気を博し、映画や歌にもなった。結局、イエ擁護論による二十四条への攻撃は、影を潜めた。

とはいえ憲法二十四条改正要求自体は続いていた。一九五五年十一月、改憲に失敗した二つの保守党が合同して、憲法改正を党是とする自由民主党が結成された。そのとき設置された憲法調査会は、五六年に「憲法改正の問題点」を発表し、憲法二十四条改正について次のような提案をした。

戸主権中心の旧家族制度の如きは全く考えられていないが、協同体としての家族（家庭）の存在意義をも否定するもののごとき誤解を与えているので、個人の尊厳と両性の本質的平等の原則の下に、何らかの規定を補充することの要否が研究されている。(6)

この「補充」規定の例として示されたのは、ダグラス・マッカーサー草案の「家族は人類社会の基底」、世界人権宣言十六条三項の「家庭は、社会の自然且つ基本的な集団単位であって、社会及び国の保護を受ける権利を有する」との規定、そして他の国の憲法にみられる「家庭の保護育成に関する規定」だった。

現在の改憲論が主張する憲法二十四条への「家族保護」規定の「挿入」は、一九五六年に「補充」として提起されていた。しかも、この提案は決して新しいものではなかった。実は「家族保護」規定は、すでに四六年に憲法制定の過程で登場していた。第九十回帝国議会・貴族院の憲法審議において、「家族生活はこれを尊重する」という文言の追加が提案された。(7)しかし、まだイエ制度は廃止されておらず、その段階で提案された「家族保護」規定は、イエ制度の継続保障を意図していたことが明らかであったために、貴族院で否決された。憲法二十四条への「家族保護」規定の挿入は、明確に拒否された。マッカーサー草案とも、世界人権宣言とも、あるいは他国の憲法とも違い、「家族保護」規定を持たないことは、帝国議会によって決定されたことだった。五六年に自民党が示した「憲法改正の問題点」は、この否決された「家族保護」規定の復活だった。

もちろん現実には、一九六〇年代以降、憲法二十四条のもと新しい民法に基づいて、いわゆる「戦後家族」[8]が形成されていった。「親孝行」を義務づける「家族保護」規定はお蔵入りとなった。それから四十年後、その間影を潜めていた「家族保護」規定が三度目の登場を果たすきっかけになったのは、九六年の選択的夫婦別姓制の導入問題だった。

夫婦別姓

一九九六年、法制度審議会は、選択的夫婦別姓制度(以下、別姓あるいは別姓制と略記)の採用を内容とする法案要綱を答申した。すでにその前年、法制度審議会は別姓を認める方向の中間報告をおこない、この答申によって、本格的に別姓の導入に向けて国会審議が始まるはずだった。ところが九六年、別姓制導入に反対する動きが急に登場し、国会上程もされないまま、現在にいたっている。国会審議開始目前というところまで進展していた別姓導入を、今日にいたるまで阻止する強力な政治勢力が、九六年に登場した。その政治勢力の主張は、別姓制の導入が「家族の解体」[9]を招く、なぜなら別姓論は個人主義であり、家族の領域で個人を主張すれば家族は崩壊する、というものである。

しかし、別姓制導入が国際的に進展した理由は、結婚・家族の制度を維持・強化するところにある。同姓を強制するのではなく、別姓も選択できるようにすることは、同姓を望む人だけでなく、別姓を望む人にも結婚制度を受け入れやすくすることであり、結婚に基づく家族制度を維持することになる。

なにより結婚・家族制度は、個人主義に基づいている。身分制社会の場合、結婚は、身分や経済力など、当事者個人の意志よりも、それ以外の条件によって決まっていた。家族もまた、身分に応じた労働の場での人間関係を基軸としていた。しかし、近代社会になると「個人の合意のみ」に基づくこと、すなわち個人主義に基づく結婚が制度化され、家族の営みも労働関係とは別の私的な人間関係として重視されるようになった。結婚・家族は、個人主義とともに誕生したのであり、だからこそ身分制社会から解放された存在として「個人」が重視されたのである。

戦後家族も憲法二十四条に明記された「個人の合意のみ」に基づく結婚によって形成されてきた。個人主義は戦後家族の基本的特質であり、この点を強化することが別姓導入の目的でもある。逆に、個人主義といって別姓導入を非難することは戦後家族を否定することであり、戦後家族の解体を要求していることになる。事実、別姓反対派が「家族の解体」として危惧しているのは、戦後家族ではなく、イエである。イエの復活が、別姓反対派の目的である。ところが別姓反対派は、イエと戦後家族を意図的に混同させ、別姓導入によって、あたかも戦後家族が解体されるかのように人々の危機感をあおった。

しかし、イエは憲法二十四条と民法によってすでに廃止されている。別姓反対派はなぜ、すでに解体されたイエを「解体の危機」にあるかのように主張することができたのだろうか。それは、民法の「氏」規定にある。戦前のイエ制度を規定した明治民法でも、イエを廃止した現行民法でも、その意味は違うが、同じ「氏」という用語が使用されている。この点を、別姓反対派は「混同」に利用したのである。

明治民法に登場する「氏」はイエの呼称であり、個人の呼称ではなかった。結婚はイエとイエの結び付きであり、結婚姓はイエの都合で「夫のイエの氏」か「妻のイエの氏」にする、と決められており、当事者個人の話し合いで決められることではなかった。しかし戦後、日本国憲法二十四条のもと、民法は制度としてイエを廃止し、結婚姓を「夫または妻の氏」のいずれかを選択するとして、個人主義に立つことを宣言した。したがってイエは「解体」された。

ただし結婚姓の選択を規定する民法七百五十条は、氏を「夫のイエの氏」あるいは「妻のイエの氏」と考え、いずれかの「イエの氏」を選択することを否定しているわけではない。当事者が結婚姓をどのように考えて選択するのかは、民法七百五十条が関与するところではない。したがって、別姓導入によっても、イエの氏の選択は脅かされることはない。当事者がイエの氏として結婚姓を選択することは、現在と同様に、個人の自由に委ねられる。

しかし、別姓反対派は、氏を個人のものとする現行民法の原則を認めることを拒否し、氏はイエの呼称でなければならないと考えている。したがって、別姓反対派にとって民法七百五十条が、結婚姓を話し合いに委ね、氏を個人の呼称としている点は容認できるものではない。ところが民法七百五十条は同時に、一つの氏を必ず選択することを強制している。この「一つの氏にする」という同姓強制は、結婚姓の選択をイエの氏の選択だと見なすことを可能にしている。ここにイエの氏を擁護する人々が、民法七百五十条の同姓制度を擁護する理由がある。しかも同姓制度の下で、九八パーセントの女性が「夫の氏」を選択している。この点からも、別姓反対派は、同姓制度がイエ制度と同様に、女性の男性への服従を確保しているのと評価しているのである。

もちろん、別姓反対派にとって、「イエの氏」はそれぞれの家族観に基づく個人の選択の一つではない。「イエの氏」は、日本の家族制度として確立されなければならない、という宗教的国家観に立つ。イエは「氏」によって成立する祭祀共同体であり、かつ「氏」だけがイエを成立させる唯一の要素である。このイエが、戦前、明治民法によって「臣民」に強制された。特定の宗教教義の強制による国民総動員の行き着く先が太平洋戦争だった。そのため、日本国憲法二十四条と民法は、イエ制度を廃止したのである。

ところが別姓反対派は、別姓論を個人主義と批判し、あたかも民法の結婚制度が個人主義ではないかのように主張し、民法七百五十条の同姓強制を擁護した。そこには、民法の個人主義原理を否定し、「イエの氏」を「日本の家族共同体」として復活させるねらいが潜んでいた。こうした復古主義的な主張が公然となされ、しかも別姓制の導入阻止という大きな政治的成果を獲得した。これをきっかけに、イエ制度を廃止した日本国憲法二十四条への本格的な攻撃が始まった。九条をめぐり「改憲」「創憲」あるいは「加憲」と憲法改正論が活発化するなかで、別姓反対派は二十四条の改憲を掲げて、改憲運動の重要な担い手となった。二十四条改憲派が登場した。

「家族保護」規定の要求の登場

二十四条改憲派は、別姓反対派が別姓制を個人主義だと非難したときと同じ手法で憲法二十四条を攻撃した。憲法二十四条が掲げる「個人の尊厳」は、家族を個人へと解体するものであり、「家族解体条項」だと非難したのである。

基本単位である家族を疎かにして国家が健全に機能するはずはない。その意味でも日本国憲法はもともと欠陥憲法なのである。その欠陥を補うべく、憲法に家族尊重・保護条項を設けるべきである。(10)

「家族保護規定」要求の三度目の登場である。今回の特徴は、二十四条に家族保護規定がないことを、日本国憲法の欠陥、すなわち日本国憲法そのものを「欠陥憲法」として全面的に否定するところにある。しかも、欠陥憲法と断定するほどに憲法には必要不可欠とされる家族保護規定の内容は、まったく明らかにされていない。他国の憲法に「国が家族を保護する」規定のあることがただ紹介されるだけで、憲法二十四条に規定すべきだと主張される家族保護条項との関係については言及されない。そこには家族保護規定の要求が、家族を国によって保護することにあるかのような幻想を与えることを意図していると思われる。

しかし、家族保護規定を要求する理由は、その主張にも明確なように「国家が健全に機能する」ためであり、しかも、この要求は日本国憲法の全面的否定と結び付いている。二十四条改憲派のもくろみは、日本国憲法の基本原理である憲法十三条「個人の尊重」を、家族関係において破壊することで、家族を国家に奉仕する「基本単位」へと転換させることにある。

しかも、二十四条改憲派は、別姓反対論でもそうだったように、イエ制度の復活を露骨に要求するのではなく、児童虐待などを「家族の危機」とあおり、その原因を憲法二十四条の個人主義にあると非難する。しかし、憲法二十四条の役割は、児童虐待やドメスティックバイオレンスなどを「個人の尊厳」と「両性の平等」の侵害とし、人権保障を公権力に求めるところにある。家族が抱える問題を放置してはならないとし、その具体的対策を国会などに要求しているのが憲法二十四条であり、隠蔽されがちな家庭内の問題を、人権保障の観点から取り上げることを可能にしている。「家族の危機」の問題は、憲法二十四条が要求しているにもかかわらず、解決に取り組まない政治・公権力の責任である。この憲法によって要請されている政治の責任を棚上げにして、憲法二十四条を欠陥条項と攻撃することは、憲法そのものの役割を否定することにほかならない。

憲法を否定するための憲法、そのことを改憲草案前文（以下、草案前文あるいは前文と略記）は明らかに示している。草案前文から、改憲運動の掲げる家族保護規定が目指す「国」のあり方が浮かび上がる。

2　改憲草案前文と「家族保護」規定

「立憲主義なき戴冠国家」

草案前文には、どのような統治のあり方が示されているのだろうか。まず、草案前文は「日本国」の定義から始まる。草案前文第一段落である。

日本国は、長い歴史と固有の文化を持ち、国民統合の象徴である天皇を戴く国家であって、国民主権の下、立法、行政及び司法の三権分立に基づいて統治される。

「天皇」という統治機関とともに、「国民主権」「三権分立」という統治原理が規定されている。問題は、「天皇」と「国民主権」の関係である。日本国憲法一条は、天皇の地位を「主権の存する日本国民の総意に基づく」とする。天皇の地位を定める国民が、主権者の地位にあることを明確に宣言している。天皇は国民主権に基づく統治機関である、としているのである。

これに対して草案前文第一段落は、天皇と国民主権の関係がきわめて曖昧である。その原因の一つは「天皇を戴く国家」という文言にある。「戴く」という、憲法になじまない古語が使われている一方で、「国家」の内容は曖昧にされている。

なぜ、「戴く」という古語が憲法に登場するのか。それは、前文冒頭にある「日本国は、長い歴史と固有の文化を持ち」という文言による。この文言を受けて「戴く」という古語が採用され、日本国が定義される。すなわち「長い歴史と固有の文化」によって形成されてきた日本国は、なにより「天皇を戴く国家」である、ということになる。「天皇を戴く国家」という表現が意味することは、憲法制定以前から連綿と続いてきた日本国であり、したがって憲法によって規律されるべきものではない、ということである。これは、天賦人権説の否定である。[11] 最初に「人権」があるのではなく、まずは「天皇を戴く国家」があると宣言されている。それゆえ憲法が規律の対象とするのは

「国民主権と権力分立」であって、「天皇を戴く国家」ではない。その意味で、第一段落が定義する「日本国」は、いわば「立憲主義なき戴冠国家」である。

国防の義務を訓示される「日本国民」

草案前文で天皇と国民主権の関係が曖昧な原因はなにより、天皇が前文第一段落に規定されているのに対し、国民主権についてはは明確な定義がないまま、前文第三段落「日本国民」の定義に委ねられているところにある。

日本国民は、国と郷土を誇りと気概を持って自ら守り、基本的人権を尊重するとともに、和を尊び、家族や社会全体が互いに助け合って国家を形成する。

この一文は、「日本国民は（略）国家を形成する」とあり、第一段落に述べた「国民主権」の担い手として、「日本国民」が定義される、という文構造になっている。では、日本国民は主権者として、どのような存在なのか。第一に、国民は「国と郷土」を「自ら守る」とされる。これは、主権者たる国民の「国防の義務」規定と説明されている。ただし、これは国防に関する自己責任、すなわち国のための自助努力を国民に要求する「訓示」規定である。これとよく似た規定は、大日本帝国憲法告諭（前文）に見いだすことができる。「臣民」は、天皇によって与えられた大日本帝国憲法に対して「永遠に従順な義務を負う」というものである。この「臣民」と、第三段落の「国民」には、共通性がある。臣民は「従順」に、第三段落の国民は「誇りと気概」をもって、与えられた役割を果たすことが要求されている。義務・責任は、ただ果たせばいいわけではなく、「従順」な気持ちで、あるいは「誇りと気概」を持たなければならず、その心持ち、内面のありようが重要なのだ、とされている。憲法に「訓示」規定が存在することの恐ろしさがここに示されていると言えるだろう。

「自助・共助」する国民

第二に、国民が国家形成をおこなうとは、「家族や社会全体が互いに助け合う」ことだという。改憲草案二十四条を想起させるが、これについては「自助・共助の精神をうたいました」と解説では説明されている。この説明は現在進められている社会福祉政策のスローガンである。これを引用することによって、古い「助け合い」規定を現代的にみせようとでもいうのだろうか。しかも、この「助け合い」は、福祉の領域に限定されない、「国家」の形成全般にわたって要求されている。

このような「助け合い」規定は、大日本帝国憲法にも存在していなかった。あえて類似した規定を探せば、貧困問題に限定されてはいるが、「恤救規則」にある「人民相互の情誼」が該当するかもしれない。

実は、大日本帝国憲法制定の十五年前の一八七四年に、「恤救規則」(太政官達第百六十二号)が登場した。恤救規則とは、明治政府による最初の統一的な貧困対策を示したものだが、救済の対象は「無告の窮民」と言われる、ごく限定された人々だった。そのため、恤救規則は冒頭で「済貧恤救は人民相互の情誼に因」ることを原則とする、とした。「人民相互の情誼」、すなわち「人民の自助努力」が宣言されたのである。しかし、このような規定では、誰が誰に対して、どこまで「相互の助け合い」をするのか、まったく不明である。したがって、あまりに漠然としており、早急に権利・義務関係として確定する必要があった。その役割を引き受けたのは、大日本帝国憲法ではなく、明治民法だった。

一八九八年、明治民法は、「相互の助け合い」を「戸主と家族員」に限定し、戸主に扶養義務を課すイエ制度を創設した。「臣民相互」の関係は、明確な法的権利・義務関係とされ、「相互の情誼」は「イエの自助努力」となった。「臣民相互の関係」を規律する明治民法は、天皇に服従する臣民の義務として「生存の義務」を確立した。したがってイエは、単なる「民法」上の制度にとどまらない、憲法上の制度、すなわち天皇主権国家の法的支柱になった。

とはいえ、大日本帝国憲法は、憲法とは「公権力と国民」の関係を規律するものである、という欧米諸国の憲法観にしたがって、「臣民相互の情誼」に一切言及せず、あくまで天皇と臣民の関係を規律することに徹していた。これに対し草案前文第三段落は、大日本帝国憲法さえ採用しなかった「家族・社会全体」の「自助努力」を明記している。草案前文の「国民」は、「気概と誇り」という内面に干渉されるだけではない。現実にどの程度助け合っているのか、自助努力のありようを憲法によって問われることになる。この憲法のもと、どのような法律によって、どのような自助努力が国民に要求されるのかは不明であり、まったく歯止めを持たない「国のかたち」が浮かび上がる。しかも、大日本帝国憲法からも逸脱している「助け合い」規定が、現在の福祉政策に掲げられている「自助・共助」と説明されていることは、現在の福祉政策をも国民の自助努力に転嫁させるのではないか、と危惧される。「格差と貧困」を「自助・共助」のスローガンで乗り切ろうとする動きは、すでに進行しつつあるのではないかと思われる。

「家族道徳」を強要される国民

第三に、自助努力の「作法」まで、国民は具体的に要求されている。それが「人権尊重」と「和を尊ぶ」ということである。

まず目を引くのは、「和を尊ぶ」規定である。これは、「和の精神は、聖徳太子以来の我が国の徳性である」という意見によって挿入されたと説明されているが、特定の個人的意見にすぎないのであれば、もちろん憲法規定にすべきではない。この説明からわかることは、草案の起草者は個人的な意見が憲法規定になることを当然と考えているということである。十九世紀の恤救規則よりはるか以前にさかのぼる古色蒼然とした独自の個人的意見が、なぜ二十一世紀の憲法規定に採用されるのか。そこに、前文第一段落にある「長い歴史と固有な文化」という文言の役割がある。この文言は、第一段落の「天皇を戴く国家」を、そして第三段落の「和を尊ぶ」を、憲法に盛り込むことを可能にする役割を担っており、民族主義を詰め込む道具なのである。

次に「人権尊重」規定である。解説は、この規定の意義を強調している。

人権を保障するために権力を制限するという、立憲主義の考え方を何ら否定するものではありません。（略）前文において、現行憲法で（略）唯一記載の欠けていた「基本的人権の尊重」を明確に盛り込んだところです。

たしかに、立憲主義は人権を保障するために権力を制限するという考え方であり、「基本的人権の尊重」は憲法の核ともいうべき重要なことである。そのため憲法前文に盛り込むというアイデアも悪くはない。しかし、前文第三段落に置かれた「基本的人権の尊重」は、尊重されるべき「人権」の内容を持たない空疎な「お飾り」である。「人権尊重」は、「和を尊ぶ」規定とともに置かれ、しかも、家庭や地域のなかでだけ行使されるものとなっている。ここに「人権を保障するために権力を制限する」立憲主義はない。むしろ「人権尊重」から、立憲主義を剝奪するために、前文に置かれていると言える。ここでも「天賦人権説の全面的見直し」が貫徹している。「基本的人権の尊重」は「家族道徳」へと変質している。それゆえ家族保護規定は、憲法制定時のようなイエ制度の復活ではなく、イエ制度によって確保されていた「臣民の義務」を国民に要求する「助け合い」規定となって登場したと言えるのである。

公権力と一体化する国民

前文第三段落は、「天皇を戴く国家」のもとにある「日本国民」に、徹底した「自助努力」を求めており、「国と郷土」を自ら守る国民総動員体制が「国民主権」の内容になっている。この国民総動員体制を主導する任務を果たすのが、第四段落の「我々」である。

我々は、自由と規律を重んじ、美しい国土と自然環境を守りつつ、教育や科学技術を振興し、活力ある経済活動を通じて国を成長させる。

国民に家族道徳を説き、自己責任を要求するのは、国策を実施するためである。強力な国家としてグローバルな時代を乗り切るために「我々」、すなわち「天皇を戴く国家」を動かす「公権力」の担い手が登場する。弱肉強食の経済競争に、官民一体となって勝ち抜くことが「我々」の役割だと主張している。草案前文第一段落で「権力分立」を要請されているはずの公権力は、国民と対立するものではなく、いつのまにか国民と一体になった「我々」になっている。

そして前文は最後に、憲法制定を宣言する。

日本国民は、良き伝統と我々の国家を末永く子孫に継承するため、ここに、この憲法を制定する。

「日本国民は、（略）この憲法を制定する」というが、すでに検討してきたように、「この憲法」は立憲主義を否定しており、国民が「この憲法」を制定する意味はない。にもかかわらず、なぜ、わざわざ国民による憲法制定を宣言するのか。それは、「この憲法」の意義を国民にあらためて確認させるためである。

国民が憲法を制定するのは、人権の保障のためではなく、「良き伝統と我々の国家」のためである。「良き伝統」とは「長い歴史と固有の文化」であり、「天皇を戴く国家」である。しかし、「天皇を戴く国家」は憲法制定以前から存在しており、「この憲法」など必要としない。「この憲法」を必要とするのは、「我々の国家」のために自助努力する国民であり、その自覚のためには国民自らが制定しなくてはならないのである。国と郷土を守るため自助努力を怠らない国民と、国民を主導する公権力の担当者とが、一体となって形成する「我々」の国家のために、義務を果たすべき国民が「この憲法」を制定することが必要なのである。

草案前文のねらいは、公権力に対して人権保障を要求することなく、家族・地域で助け合い自助努力する国民を作り出すことにある。国民は「基本的人権」を奪われ、代わりに「家族道徳」が与えられる。「家族道徳」を掲げる宗教国家を作ること、それが「家族保護」規定に込められたねらいである。軍事大国を目指すには、国民の意識改造が不可欠であり、「家族道徳」が必要なのである。これを受けて、草案二十四条は一項で、次のように述べている。「家族は、社会の自然かつ基礎的な単位として、尊重される。家族は、互いに助け合わなければならない」

3 改憲運動にとっての改憲草案二十四条の役割

「改憲戦略」における改憲草案二十四条の位置づけ

改憲運動が掲げてきた「家族保護」規定に込められた「ねらい」は、草案前文に結実しているが、改憲草案は改憲運動にとって、そのまま実現を目指すべきものではない。二〇一六年七月の参議院選挙の結果を踏まえた「改憲戦略」として提示されたのは、「柔軟な戦略」としての四点の「加憲」要求である。(12) 一つ目は、前文に「国家の存立を全力をもって確保し」を、二つ目は、九条三項に「但し前項の規定は確立された国際法に基づく自衛のための実力の保持を否定するものではない」を、三つ目が「緊急事態条項」を、そして四つ目は「家族保護規定」を挿入することである。

これら九条と二十四条に関する改憲要求は新しいものではない。今回は「柔軟な戦略」であることを強調するところに新しさがある。加憲要求は「現在の国民世論の現実を踏まえた苦肉の提案」であり、「今はこのレベルから固い壁をこじ開けていくのが唯一残された道」であるとしている。そのためには「柔軟な思考」への転換が提起されている。「憲法の平和、人権、民主主義そのものは認めるにしても、そこには同時に根本的な欠陥もある、という認識」を持つことが必要だという。ここには「根本的な欠陥」という表現はあるが、重点は「憲法（略）そのものは認める」立場へと転換することが提起されている。ただし、この「柔軟な思考」は、あくまで一時的なものでしかないことも確認されている。「まずはかかる道で「普通の国家」になることをめざし、そのうえでいつの日か、真の「日本」にもなっていくということだ」と締めくくられている。ここに改憲運動の本音がある。

「根本的な破壊」としての改憲草案と改憲草案二十四条

改憲運動は「真の「日本」」を目指すものであり、日本国憲法のもとでの「普通の憲法改正」を要求するものではない。日本国憲法を根本的に否定する「革命」、日本民族主義革命を目指すものである。安倍晋三首相も、首相再任前の衆議院議員時代に、第一次安倍内閣を振り返り、「私のいう「戦後体制からの脱却」というのは根本的な破壊です。（略）それは憲法・教育基本法・安全保障から目をそらす姿勢、いわば国の誇りを否定し、既得権にヌクヌクと安住する姿勢に挑戦しようということです」「中曾根さんですら事実上アジェンダ（課題・計画）から外した憲法改正問題を、私はまさに政策に組み入れたのですから、その抵抗は大変なものでした」[13]と述べていた。このインタビューで体調回復に自信を示した安倍は、二〇一二年四月の改憲草案発表後の同年十二月、首相に返り咲いている。改憲草案を掲げる政権が本格的に動きだした。

二〇一七年のいま、「改憲に前向きな勢力」が国会の三分の二を占めるという、改憲運動にとって絶好の機会が到来している。この好機に、一時的とはいえ「革命」路線を棚上げにして「柔軟な戦略」への転換が求められるというのはなぜだろうか。

それは、従来からの「改憲」要求を、「革命」的ではなく「柔軟な思考」、すなわち「憲法（略）

そのものは認める」立場に基づいたものであるかのように宣伝するためである。加憲要求は、改憲運動にとって「苦肉の策」でも低い「レベル」でもない。まして「柔軟な思考」が要請されるものでもない。従来の改憲要求を、「憲法の平和、人権、民主主義そのものは認める」かのような「装い」をもって示したにすぎない。改憲運動は一貫して「真の国家」実現のために、「軍事と家族」に関する改憲を要求している。

改憲草案は、改憲運動の思想的統一性を確保し、叱咤激励するための政治綱領である。したがって具体的な改憲要求を、改憲草案よりも「柔軟」な、あたかも日本国憲法の枠内でおこなうもののように見せるための道具である。国防に関する改憲要求の優先順位や内容がはっきりしないままになっているのは、改憲草案によって政治的ゆさぶりをかけることで、改憲の必要性へと世論が誘導されることを期待しているためである。

ただし、家族保護規定に関しては注意が必要である。草案二十四条には、改憲運動が掲げてきた「家族保護」の内容をより「柔軟」にする工夫がある。そのため、明文改憲にいたらなくても、草案二十四条を具体化する法律の制定が、すでに容易になっているように思われる。では、改憲草案二十四条には、どのような「柔軟」さが加えられているのだろうか。

改憲草案二十四条の「柔軟性」

改憲草案前文の要請に応えて、草案二十四条は二つの点で「柔軟」になっている。一つは、日本国憲法二十四条の「個人の尊厳」を継承・明記している点である。前述のように、家族保護規定は、憲法二十四条の「個人の尊厳」を否定するために提起されたものである。だからこそ、「家族の解体」の元凶として、憲法二十四条「個人の尊厳」規定の削除が主張されてきた。

ところが草案二十四条三項には「個人の尊厳」が明記されている。改憲草案十三条では「全て国民は、人として尊重される」とあり、日本国憲法十三条の「個人」が「人」へと変更されている。にもかかわらず、なぜ、草案二十四条には「個人」が保持されているのだろうか。それは、すでに見たように、草案前文において「人権」は内容としては破壊され「家族道徳」へと変質しているが、なお「人権」という言葉は残されていることに対応しているのである。すなわち、人権の否定は、日本国憲法十三条にある基本的人権の担い手としての「個人」を「人」へと変更させると同時に、「家族道徳」を意味する「人権」は、草案二十四条の「個人」に表明されている。(14) これを受けて、改憲運動も、家族保護規定を「十三条と二十四条を補完する」ものと位置づけ、「家族と個人のバランス」を要求するようになっている。

家族保護規定に込められてきた「反」個人主義は、草案前文で、家族の領域に限定されない、すべての領域にわたる「人権の破壊」となった。この草案前文の要請は、改憲草案二十四条の「個人の尊厳」と草案十三条の「人としての尊重」に表れている。したがって草案二十四条は、家族保護規定を持ちながら、「個人の尊厳」を明記しており、日本国憲法の枠内にあるように見えるため、国民に改憲を容認させる装置として機能しかねない。改憲草案二十四条は、家族のなかの「個人」は保障しており、したがって人権を否定するものではないと読めてしまう。

いま一つの点は、改憲草案二十四条がその冒頭に、世界人権宣言十六条三項を「参考」にした規定を置いていることである。草案二十四条の冒頭にある「家族は社会の自然かつ基礎的な単位」という文言は、世界人権宣言十六条三項の「家族は社会の自然かつ基礎的な集団単位」という文言に依拠している。しかも、この文言は、二〇一五年十二月、夫婦同姓強制を合憲とした最高裁判決でも次のように引用された。

家族は社会の自然かつ基礎的な集団単位であるから、(略)個人の呼称としての一部である氏をその個人の属する集団を想起させるものとして一つに定めることにも合理性があるといえる。(15)

氏は個人の呼称ではあるが、集団を想起させても「合理性」がある。なぜなら、その集団が「家族」であり、「家族は社会の(略)基礎的な集団単位」だからだ、と最高裁判決は述べている。同じ文言を引用する改憲草案二十四条は、最高裁判決とも世界人権宣言とも合致するものとして、宣伝されている。

4 世界人権宣言十六条との比較

「権利」から「尊重」へ

しかし、世界人権宣言十六条と照らし合わせると、むしろ改憲草案二十四条の問題性が浮かび上がる。実は、「伝統的な家族」への回帰を求める民族主義の高まりは、日本だけに特殊なことではなく、国際的な現象である。そして民族主義運動は、その主張のよりどころとして、世界人権宣言十六条三項を挙げている。だが、そうした民族主義運動のなかでさえ、日本の草案二十四条の考え方は孤立している。そこに、草案二十四条が世界人権宣言十六条を「参考」にした理由もある。

例えば「世界家族会議」は、一九九七年に最初の国際会議を開いて以来、国連に対して世界人権宣言十六条三項に基づく家族政策の推進を求めているが、その中心メンバーの一人であるアラン・カールソンは次のように主張している。現在の国連の家族政策は、世界人権宣言十六条三項にいう「自然の家族」の保護から転換してしまっている。女性差別撤廃条約や子どもの権利条約によって「自然の家族」における性役割や親の権利が否定され、家族の解体が進行している。したがって「自然の家族」を強化する方向へと再転換する必要がある、と。(16)

しかし、日本の改憲草案二十四条は、カールソンの主張とも明らかに異なる。第一に、「家族保護」規定が重要な点は、カールソンが主張し、かつ世界人権宣言十六条三項にも明記されているように、家族には「国家による保護を受ける権利」があることである。世界人権宣言十六条三項は、「家庭は、社会の自然かつ基礎的な集団単位であって、社会及び国の保護を受ける権利を有する」としている。

ところが草案二十四条は「家族は、社会の自然かつ基礎的な単位として、尊重される」とするのみで、保護を受ける権利は規定せず「尊重する」にとどまる。したがって草案二十四条は、家族保護規定ではない。「人権保障における家族の重要性は、国際的にも広く受け入れられている観点」だと説明されているが、そうであれば、「権利」は必要不可欠である。世界人権宣言もカールソンも、この点を強調している。にもかかわらず、草案二十四条は「権利」を削除し「尊重」に変えた。その理由は、続く草案二十四条一項後段の規定である「家族は助け合わなければならない」こそ、草案にとっての「家族保護」の核心だからである。

この訓示規定は、「家族は、社会のきわめて重要な存在であるにもかかわらず、昨今、家族の絆が薄くなってきていると言われていることに鑑み」て加えたものだという。しかし、「家族の絆」を強化するために家族に自助努力を要求すれば、家族を営むための負担は増大するばかりである。したがって改憲草案二十四条は、家族「保護」規定ではなく家族「解体」規定である。国際的な民族主義運動の主張からも逸脱した、特殊な規定が草案二十四条である。

「合意のみ」から「合意」へ

第二に、改憲草案二十四条の特殊性は「合意」規定にも表れている。日本国憲法二十四条一項は、結婚を「合意のみに基づく」とする。ところが草案二十四条二項は、「両性の合意に基づいて成立し」としており、「のみ」を削除している。「のみ」というわずか二文字の削除は、「イエの氏」や「親孝行」、あるいは政府による結婚勧奨政策など、「結婚の合意」に当事者以外の介入を容易にするねらいがある。

しかし、「合意のみ」は、世界人権宣言十六条二項も明記する、結婚制度の根幹に関わる要請である。結婚が「合意のみ」によることは、「個人主義」の基本として譲ることができない基本原理である。しかも、世界人権宣言を制定する動機の一つに、ナチズムの衝撃があったことを忘れてはならない。ナチズムは、結婚制度に差別的人種主義を導入した。このナチズムによる「家族を悪用した人種国家の克服」が世界人権宣言十六条を成立させたと、カールソンは指摘している。結婚が「合意のみ」によらなければならないことは、第二次世界大戦の反省のうえに立つ世界人権宣言にとってゆずることができない絶対条件である。世界人権宣言十六条と日本国憲法二十四条は、結婚を民族主義の支配から解放することを宣言する点で共通している。この理解を欠いているところに、日本民族主義の深刻な問題がある。改憲草案二十四条が、結婚の成立を「合意のみ」ではなく「合意」だけにしたことは、日本国憲法二十四条の破壊にとどまらず、国際的に共有されている結婚制度の「根本的破壊」となる。

第三に、カールソンは、世界人権宣言十六条は宗教とは区別されるべきものだと主張している。「家族の絆」に関することは宗教が引き受けるべき領域であり、国家は介入してはならない、ということである。「家族は助け合わなければならない」などという「訓示」を憲法に掲げることは、宗教の自律性を侵す。家族のなかで、女性として男性として、あるいは親として子どもとして、それぞれがどのように生きるべきかといった「家族の絆」のありようは、宗教の管轄事項である。世界人権宣言にいう「家族」は、法的規定であって宗教規定ではなく、かつ宗教規定と解されてはならない。「家族」を『聖書』に基づいて「解釈」する人々にとって、政府の義務は「家族」の保護・支援であり、政府が「家族」に取って代わることであってはならない。ここに、日本の民族主義の特殊性が浮かび上がる。「家族」のありようを国民に「訓示」する改憲草案二十四条は、国家が宗教的役割を引き受けることを宣言していることになる。まさに「家族国家」の復権である。

おわりに——日本国憲法二十四条の画期性

とはいえ、カールソンの主張もまた「時代錯誤」であることは否定できない。彼にとって世界人権宣言十六条は「自然の家族」を宣言している点で、重要な価値を持つ。「自然の家族」は、国家の成立以前にある、『聖書』に基づく性別役割分担家族であり、そのため「国家の保護を受ける権利」を持つ存在である。

しかし、カールソンも率直に認めているように、すでに世界人権宣言十六条にいう「家族」は「転換」している。一九七九年の女性差別撤廃条約は、家族を性別役割から解放することが、両性の平等に不可欠であることを宣言した。家族は「自然の家族」ではない。工業化に伴う職住分離によってはじめて「労働」と分離した新しい家族、すなわち「近代家族」が成立した。近代家族は、その成立のときから家族外からもたらされる経済力によって家族成員が扶養されるという、経済的に不安定な「場」であった。この不安定な近代家族を維持するために登場したのが、「女と男の合意」すなわち「自然の性差」を理由にした、「男は仕事、女は家庭」であった。この経済力を持つ男性支配を夫権として確保したのが、近代家族法である。そして、ようやく女性差別撤廃条約が成立し、性別役割分担に基づく夫権を廃止する家族法改正の動きが、八〇年代に各国で進展した。

女性差別撤廃条約の登場は、日本国憲法二十四条の画期性をあらためて明らかにした。世界人権宣言十六条とは違い、日本国憲法二十四条は「家族保護」規定を拒否して「両性の平等」を掲げたところに画期性を持つ。近代家族制度であれイエ制度であれ、職住分離によって登場した家族、すなわちそれ自体には経済力も扶養機能もない不安定な近代家族を規律の対象とする点では、共通している。その意味で、近代家族は支援なしには機能しない。

したがって日本国憲法は二十四条に続く二十五条で、イエ制度を廃止した後に求められる家族支援を要求することを個人の「生活を営む権利」すなわち「生存権」の保障とした。家族ではなく個人の権利としたのは、どのような家族関係にあっても「個人の尊厳」と「両性の平等」が保障されるとする憲法二十四条を踏まえたからである。事実、一九四七年の児童福祉法は、憲法二十五条の生存権を子どもに保障したが、子どもの「生活を保障されること」は憲法二十五条の「最低限度」ではなく「ひとしく」とされている。どんな親のもとに生まれようとも、子どもは「ひとしく」個人として生活を保障される、という原理は、憲法二十四条に由来する。[17] 日本国憲法二十四条こそ、世界に示してきた価値のあるものであり、二十四条を掲げ生かしてきた私たちの七十年の歴史を持つ誇るべき伝統である。

注

(1) 若尾典子「戦後民主主義と憲法二十四条――ジェンダーに敏感な視点から」、全国憲法研究会編『憲法問題』第十八号、三省堂、二〇〇七年、八六―八七ページ

(2) 長谷川正安『昭和憲法史』岩波書店、一九六一年、三〇二ページ

(3) 渡辺治編著『憲法「改正」の争点――資料で読む改憲論の歴史』旬報社、二〇〇二年、五一一―五一二ページ

(4) 前掲『昭和憲法史』三八九ページ

(5) 若尾典子『女性の身体と人権――性的自己決定権への歩み』学陽書房、二〇〇五年、一一六―一二一ページ

(6) 前掲『憲法「改正」の争点』五三九ページ

(7) 辻村みよ子『憲法とジェンダー――男女共同参画と多文化共生への展望』有斐閣、二〇〇九年、二三九ページ。ただし、辻村は「家族保護」規定が欠落したのは、「左右両派の攻勢に対する妥協」と述べる。たしかに社会党も家族保護規定を提案し、否決されている。社会党案の否決の評価については、当時、保守派にヴァイマル憲法への反発が強いなか、生存権規定の確保が重要だったこと、金森徳次郎国務大臣の「今後の立法に委ねる」という回答を得たこと、そして、ヴァイマル憲法をモデルとする社会党案は憲法上に性別役割分担論を確保するものでもあったこと、などを考慮すべきだろう。また敗戦直後の日本で、国体護持派からの「家族保護」規定が否決されたことは、僅差だったことを含めて、憲法二十四条の画期性を決定的なものにしたように思われる。これらの点については前掲「戦後民主主義と憲法二十四条」を参照。

（8）落合美恵子『二十一世紀家族へ――家族の戦後体制の見かた・超えかた』（有斐閣選書）、有斐閣、一九九四年

（9）八木秀次「夫婦別姓は社会を破壊する」「諸君」一九九六年三月号、文藝春秋。以下、別姓制導入への反対論は、この論文から引用・要約する。

（10）八木秀次「二十四条は家族解体条項だ」「Voice」二〇〇二年十一月号、ＰＨＰ研究所

（11）改憲草案についての解説は、自民党憲法改正推進本部「日本国憲法改正草案Ｑ＆Ａ（増補版）」（[https://jimin.ncss.nifty.com/pdf/pamphlet/kenpou_qa.pdf]［二〇一七年七月一日アクセス］）があり、以下、草案に関する説明は、これを参照する。天賦人権説については、改憲草案の意義として、「日本にふさわしい憲法改正草案とするため、まず、（略）天賦人権説に基づく規定振りを全面的に見直しました」と説明されている。

（12）伊藤哲夫「憲法改正「三分の二」獲得後の改憲戦略」「明日への選択」二〇一六年九月号、日本政策研究センター。以下、加憲要求の主張は、この論文から引用・要約する。

（13）安倍晋三／伊藤哲夫「今こそ「戦後体制《レジーム》」の脱却を」「歴史通」二〇一一年一月号、ワック、六九―七〇ページ

（14）以前の論考でこの点を正確に指摘しなかったので、ここで訂正しておきたい。若尾典子「家族」、民主主義科学者協会法律部会編『改憲を問う――民主主義法学からの視座』（「法律時報増刊」）所収、日本評論社、二〇一四年

（15）裁判所・裁判例情報（http://www.courts.go.jp/app/files/hanrei_jp/546/085546_hanrei.pdf）［二〇一七年七月一日アクセス］

（16）カールソンの主張については、前掲「家族」で言及した。Allan Calson,“A History of The Family in The United Nations,” (http://www.law2.byu.edu/wfpc/forum/2000/Carlson.pdf)［二〇一七年七月一日アクセス］

（17）若尾典子「子どもの人権としての「保育」――ケアと日本国憲法」、佛教大学福祉教育開発センター編「福祉教育開発センター紀要」第十四号、佛教大学福祉教育開発センター、二〇一七年、一三七―一三八ページ

終章

イデオロギーとしての「家族」と本格的な「家族政策」の不在

伊藤公雄

はじめに――憲法と家族

以前、戦後間もない時期の保守勢力の「改憲」をめぐって、五つのポイントを整理したことがある。[1] ①天皇の元首化、②再軍備、③（戦前の）家族制度の復活、④内閣権限の強化と（知事の任命制など）統治機構再編、⑤基本的人権の制限、である。この五点は、一九五五年の自由民主党結党前後から、すでに保守派の改憲の主要なテーマであり続けていた。手短に言えば、戦前の憲法体制への回帰という点で、この五点は不可欠のテーマだったのである。ただ、六〇年代半ば以降の経済成長路線とそれと並行して「定着」した日本社会の「平和主義」の動きは、「改憲」の声を抑制させることになった。

その後、一九九〇年前後のPKO（国際連合平和維持活動）論議を経て、ふたたび本格的な「改憲」の動きが、読売新聞社などを軸に拡大していった。ただ、この時期の改憲論議は、基本的に専守防衛型の自衛軍の保持をめぐるものだった。

一九九四年に発表された読売改憲試案[2]は、二十世紀の日本で展開された改憲をめぐる議論を保守派の側から「総括」したものであり、この時期の改憲派の模範解答的なものだったとさえ言えるだろう。この時期の読売改憲案は、主に「再軍備」（自衛のための組織）を軸にしたものになっている（三章「安全保障」に続く四章の「国際協力」では、「確立された国際的な機構の活動」への自衛組織の積極的協力を謳っているが、集団的自衛権ではなく国連による集団安全保障を念頭においたものになっている)。つまり、この改憲案では三章「安全保障」(「戦争放棄」条項を変更)の十一条で「戦争の否認」、とともに「大量破壊兵器の禁止」(十一条一項は、現行をほぼ踏襲し「日本国民は、正義と秩序を基調とする国際平和を誠実に希求し、国権の発動たる戦争と武力による威嚇又は武力の行使は、国際紛争を解決する手段としては、永久にこれを認めない」とし、二項では、「非人道的な無差別大量破壊兵器の廃絶の希求と不保持および使用禁止」と、核保有を憲法上放棄することを明記)を謳っている。十二条では、「自衛のための軍隊、文民統制、参加強制の否定」、つまり自衛のための軍隊の保持、最高指揮監督権は総理大臣に所属すること、さらに「国民は(略)軍隊に参加を強制されない」(現行憲法十八条の「意に反する苦役からの自由」が削除され、徴兵制も視野に入れたものだという批判があった)と、一定程度世論にも配慮したものだった。

この時期の改憲案は、専守防衛の再軍備を軸にしたものであり、内閣総理大臣の権限強化(国会召集や解散権を天皇から総理の権限に変更など)はあるものの、戦後間もない時期の保守派改憲案にあった他の四つのポイントに関しては、大きく後退している。実際、「読売新聞」の改憲案の一章は「国民主権」で、現行の一章である「天皇制」条項は、天皇の権限の一部を(主権者である有権者によって選ばれた衆議院議員から指名される)総理大臣に移行させる以外は、ほぼ現行のままで二章に移動する構成になっていた(天皇元首化の否定)。

また、五章「国民の権利および義務」では、基本的人権の項目はほぼ維持され、個人情報保護や環境権など新たな項目が追加されている。興味深いのは家族を扱った五章「国民の権利および義務」の二十七条だ。これも「伝統的家族制度の復活」という敗戦後の保守派の議論と比較すれば、どちらかといえば国際基準に従った「当たり前」のものだとも言える。具体的には「①家族は、社会の基盤として保護されなければならない」に続き、基本的には現行憲法の二十四条が文言も含めて維持されている。この「社会の基盤として保護されなければならない」の文言は、戦後の家族規定のスタンダードとも言える一九四八年の世界人権宣言を意識したものだろう。つまり「婚姻関係の平等」規定を前提に、「家庭は、社会の自然かつ基礎的な集合単位であって、社会および国の保護を受ける権利を有する」という視座が踏襲されているのだ。

一九九〇年代半ばに発表され、その後一部変更がなされたこの読売試案は、「国民主権」を軸に、憲法が国民ではなく国を縛るものだという立憲主義のロジックに従うものだった。たとえそれが、再軍備のためのエクスキューズだったとしても、ある意味、原則に忠実な改憲案だったと言えるだろう（もちろん、筆者は読売試案にも批判的だが）。

ところが二十一世紀に入ると、再び戦後間もない時代の五つのポイントをそのまま盛り込んだ戦前復帰型の改憲案が復活してくることになる。

自由民主党が二〇一二年に作成した「日本国憲法改正草案」には、天皇の元首化、自衛隊の国軍化（再軍備）、（緊急事態条項に典型的な）統治機構の再編、基本的人権の抑制とともに、念願の（戦前型）家族制度の復活を目指したかのような条項が含まれている。つまり「二十四条　家族は、社会の自然かつ基礎的な単位として、尊重される。家族は互いに助け合わなければならない」とされているのである。ここには、戦後の国連の人権宣言に基づいた「家族」の位置づけ（「家族は社会の自然かつ基礎的な単位」）が、それなりになされている。その一方で、「保護」は削除され、単に「尊重される」（国から尊重されるのか、それとも一般に尊重されるべきと謳っているのか不明だが）と述べられるだけで、行政機関による家族への不介入と保護の視座は、まったく欠如している。他方、「家族は助け合わなければならない」という、およそ第二次世界大戦後の憲法としては「勘違い」もはなはだしい、国を縛るのではなく国民に義務を押し付ける、立憲主義の原則と正反対の文言が多く書き込まれているのだ。

1　家族の自立と家族の保護

ヨーロッパの近代社会で家族が基本的なユニットとして位置づけられていたことは、ゲオルク・ヴィルヘルム・フリードリヒ・ヘーゲルによる「国家・市民社会・家族」の議論からも明らかだろう。例えば、社会学の始祖と言われるオーギュスト・コントは、社会の基礎を個人ではなく家族においていたこともよく知られている。日本では「個人主義」の社会と考えられる傾向がある西欧社会だが、西欧社会で「家族」は、少なくとも法律上は日本以上に明確に位置づけられ、また重視され続けてきた。

他方で、ナポレオン法典以後の西欧の多くの国の家族法では、基本的に「家父長制」（明治民法のような女性の一方的従属を前提にした家父長制というより家父長の家族への管理責任をより強調したものではあるが）が、法的に担保されてきた。実際、西欧社会の多くで法律から家父長制的要項が完全に廃棄されるのは一九七〇年代から八〇年代だった（日本では戦後早い段階で認められていた「（協議）離婚」と「中絶」をめぐる法改正は、一九七〇年前後の西欧諸国の女性運動にとっては最大課題だったことを想起されたい）。戦後の民法改正で、家庭での両性の平等が定められていた日本社会と比べて、家族をめぐる法制度（例えば、フランスで既婚女性が夫の許可なく働ける権利が認められるようになったのは一九六五年である）の面では、西欧社会が多くの問題を含んでいたことは事実だ。ただし、家父長制が法律上担保される一方で、西欧の「家族」は、行政権力からの一定の「自立」が憲法上保障されるとともに、（政府・行政機関による）家族の保護という観点もまた憲法に書き込まれているケースが多かった。

家父長制的要素を法的に残存させてきた西欧諸国も、一九七〇年前後になると家族への不可侵原則の継承の一方で、それまで担保されてきた家父長制条項は削除され、修正がなされていった。実際、一九八〇年代以後のEU（ヨーロッパ連合）の憲法の家族条項には、家族への（行政権力の）不可侵と家族の保護が書き込まれるようになっている。尾澤恵によれば、EU諸国のなかで現行憲法に家族規定を持つ国は十八カ国に上るが、「家族の保護」（国によって保護の対象は、婚姻、家族、両親の権利、子どもの権利など多様である）を明記しているのは十三カ国、「家族支援」（保護と重なる国も含む。個人と家族の発達に必要な情報の提供や子どもの幸福と人格の発達保障など）がはっきり書かれているのは九カ国だという。また、「家族・家庭生活への不可侵」を謳っている国は十三カ国に上るという。(3) さらに現在では、多くの国で、同性カップルの結婚や、シングル所帯への視野も含んだ家族の多様性の承認と家族への不可侵と家族保護という一連の傾向が法律上強化されつつある。

2　イデオロギーとしての「家族主義」

戦前の日本社会が、近代天皇制のもとで「家族主義」を国家体制の基礎においてきたことはよく知られている。だからこそ、戦後は家父長制を軸にした明治民法の破棄を含む、家族法上の様々な改正がなされたのである。ところが、不思議なことに日本では、大日本帝国憲法でも、また戦後の日本国憲法でも重要視されてきた家族は（現行憲法では二十四条で「別に法で定める」とされている）、憲法上では定義されることも、またきちんと位置づけられることもなかったのである。

戦後の日本国憲法のGHQ（連合国軍総司令部）案には、「世界人権宣言」に先立って、「社会の基礎単位としての家族」や「婚姻と家族の保護」という文言が組み入れられようとしていたのも事実である。しかし日本側の意見で、こうした家族の位置づけ自体が憲法からは削られてしまったという。その理由は、本書の第4章「自民党改憲草案二十四条の「ねらい」を問う」（若尾典子）が指摘しているように、「戦前の家族主義（イエ制度）の復活」の可能性を残すという意味合いがあったのも事実だろう。しかし他方で、「家族の保護」をめぐって憲法に縛られたくないという保守派の思惑もあったのではないだろうか。

実際、「家族の保護」条項は、西欧社会でもある意味での二重性をはらんでいたと言われる。つまり、「国民統合の装置」としての「家族の保護」と「国家権力の介入を防ぐ防波堤」としての「家族の保護」という位置づけである。(4)

当然、日本の保守派が求めるのは「国民統合の装置」としての「家族の保護」である。しかし、他方で、「保護」にはしばしば、国家権力からの家族の自律（家族の不可侵）や行政による家族の生活支援という意味合いも含まれ、「保護」の削除を求める声のなかには、家族に介入はしたいが家族支援は背負い込みたくないという当時の政治家たちの（「家族の保護」責任を負いたくないという）判断も影響していたのではないかと思われる。

ここで問題になるのは、「家族の保護」という場合の主体と客体の問題である。戦前型の家族主義の維持を図ろうとする人々にとって「家族の保護」は「家制度（イエ制度）の保護」を意味したのだろう。他方で、戦前のイエ制度に代表される家族制度がもたらしたものがあまりにも大きかったため、イエ制度に反対する議論でもこの「保護」が問題にされたのも、よくわかる。

しかし、立憲主義の原則から見れば、「家族の保護」の主体は家族や家父長ではない。むしろ国家・政府なのだ。事実、西欧諸国の多くは、憲法上の「家族の保護」の名のもとに、家族に対する国家の介入の忌避（ただし、ドメスティックバイオレンス＝DVや児童虐待など人権に関わる問題では介入が許される）と同時に、政府による（多様な家族形態の承認のもとでの）家族生活維持のための政策遂行の義務づけの方向に、大きく転換していったと言える。

こうした視座から振り返れば、戦後日本政府は、現在多くの国で進められている「家族保護」政

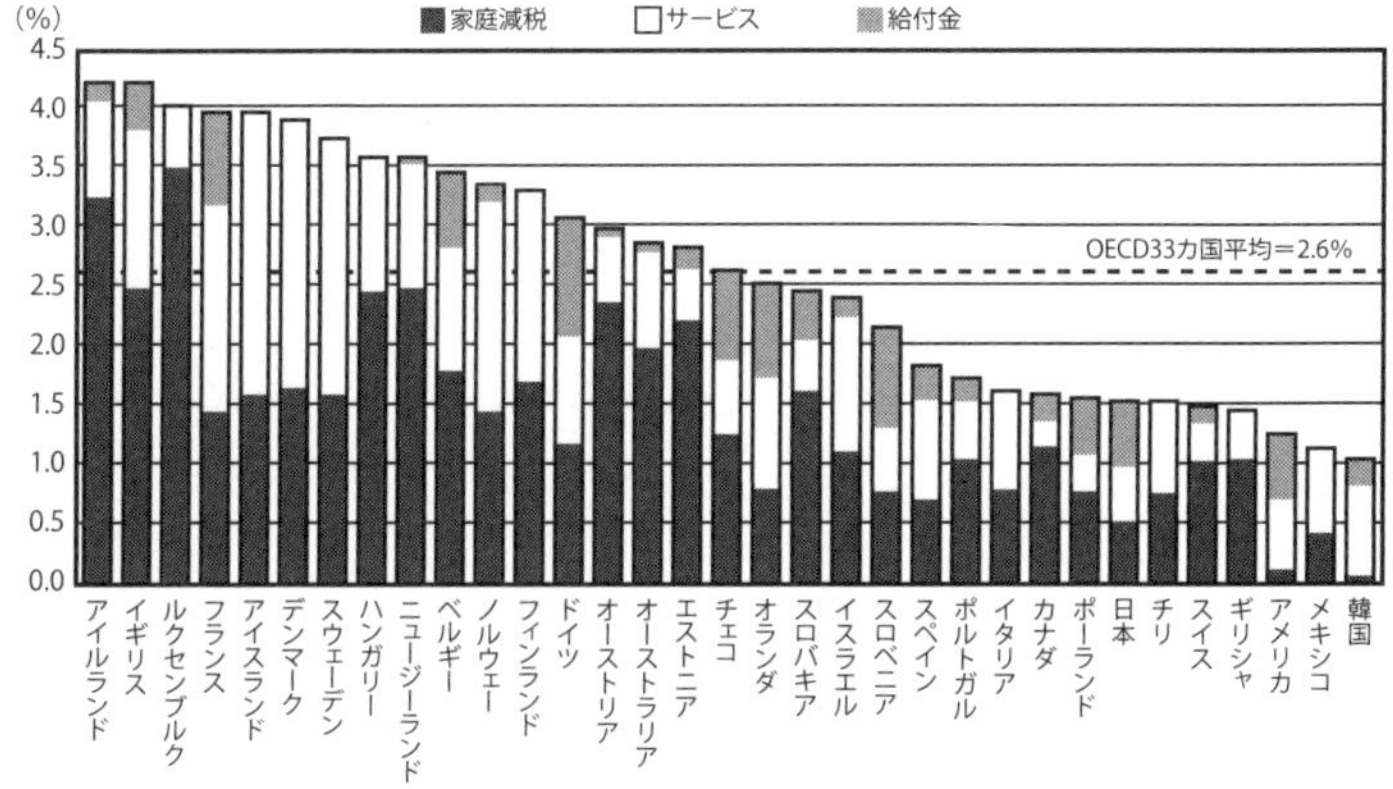

図1　家族支援（給付金・税制措置・サービス）のGDPに占める割合（2009年）
（出典：「OECD Family Database」〔http://www.oecd.org/els/family/database.htm〕、伊藤公雄「家族政策とジェンダー」、冨士谷あつ子／伊藤公雄編著『フランスに学ぶ男女共同の子育てと少子化抑止政策』所収、明石書店、2014年）

策を一貫して回避してきたことがよくわかるだろう。他方で、「家族」をめぐっては、「金がかからない精神論」レベルでは、戦前型の家族主義イデオロギーのコピーのような政策論議を展開してきたのである。

3　「家族主義」のパラドクス

図1は、OECD（経済協力開発機構）加盟国での家族支援政策費のGDP（国内総生産）比を示したものである。ここからただちに読み取れるのは、アングロアメリカ社会（「自助」原則による希薄な社会福祉政策国）と、日本・韓国といった東アジアとイタリア・スペイン・ギリシャなどの南欧諸国が、家族政策負担を極端に回避している様相である。興味深いことに、これら東アジア諸国と南欧諸国は、家族主義を重視していると自称

する傾向が他の社会よりも強いという点だ。ちなみに、これらの諸国が急激な少子化社会（高齢化もあわせて）になっていることも、よく知られた事実である。(5)

イタリアの家族社会学者キアラ・サラチェーノは、東アジアと南欧の家族主義諸国がそろって少子化に突入している状況について「家族主義のパラドクス」という表現をしている。(6) サラチェーノが指摘するように、いわゆる家族主義の諸国は、家族に対する政策的なサポートを十分せず、反対に育児や介護などのケアの労働を「家族（実際は女性たち）」に押し付けてきたのだ（「家族は大切でしょう。だから、行政的サポートに頼らず自分で家族のケアはしてね」ということだ）。その結果が、女性の「出産ストライキ」と呼ばれた急激な少子化傾向を生み出した。

いま、家族を対象にした政策は、家族の多様化（同性カップルと子どもの所帯や単身所帯を含む多様な家族）を前提にしたうえで、人権という視座に立脚し、個々のケースに対応した、きめ細かで充実した内容こそが求められている。しかし、日本では、こうした意味での家族政策は、現場ではそれなりに工夫が始まっているが、政策としてはまだまだ不十分と言わざるをえない（そのことは、先に見たGDP費に対応した家族サポートの少なさを見れば明らかである）。

日本の家族をめぐる政策は、旧来の国家秩序の基盤としての家族の保護という視座がいまだに維持され、かつ、（国家が本来担うべき）福祉領域の多くを家族に依存し、国家の負担を家族に押し付ける形で展開してきた。そのため、日本の戦後の家族政策は、政府の福祉負担をできるだけ軽減させる（実際の家族へのサポートを回避しながら、ケア領域の責任を家族＝女性に押し付ける仕組み）ために実行されてきた一方で、秩序形成の場としての精神論的家族イデオロギー（「家族は助け合うべき」はその典型だろう）だけが強調されてきたのである。

4　家族教育支援法

昨今問題になっている家族教育基本法の動きも、二〇一七年現在準備されている条文を読むかぎりは、実質的な家族政策の推進ではなく、イデオロギーとしての家族主義の神話のうえに、人々の行動を統制しようとしているようにしか読めない。

現時点で確認できる法案の中身は次のようなものである。つまり、教育基本法の精神（二〇〇六年に改定された基本法には家庭教育の文言が追加されている）にのっとり、「家庭教育支援に関し、基本理念を定め、及び国、地方公共団体等の責務を明らかにするとともに、家庭教育支援に関する必要な事項を定める」という。また、子どもの教育に関しては家庭での「一義的責任」を保護者に負わせる一方で、国と地方公共団体はその支援のための「環境整備」を図るとされている。

一見、家庭教育を支援してくれる「いい法律」に見えるかもしれない。しかしよく読めば、この法律が家庭教育部分を家族に「任せる」かのように見える一方で、文部科学大臣が制定する「家庭教育支援基本方針」では、ある傾向を持った「家庭教育」を進めようという意図が感じられる。現在では一応削除されたが、原案二条にあった「子に国家及び社会の形成者として必要な資質が備わるようにする」といった内容を持った、家庭教育の押し付け（文部科学大臣の意向のもとに、もっと強硬な方針すら出されるかもしれない）がなされる可能性が高いのである。

しかも、ここには現実に日本の家族が抱えている子育て問題（ひとり親家庭や貧困家庭などが現在直面している諸課題）への目配りはほとんど感じられない。いま、必要なのは国民統合の手段として家庭教育の方針を押し付けることではなく、現実の子育て問題へのきめ細かい対応を進めるために、どのように予算を準備し、またそれを支える制度を充実させるべきかであるはずなのに、法律が目指しているのは相も変わらず「精神論」の押し付けとしか思われない。

確かに、家庭教育支援についての予算は、この法律によって実現するだろうとは思われる。八条には「家庭教育支援に関する施策を実施するために必要な財政上の措置を講ずる」ことが書き込まれているからだ。ただ、この予算がどのような形で執行されるかは不明である。スクールソーシャルワーカーの充実、ひとり親家庭や貧困家庭の支援といった継続的かつ経費がかかる施策は放置したままで、効果が疑われる親学のスポット的な講演会や無駄なパンフレットなどの作成に使用されるなら（おそらくは、その可能性が高いと思われる）、現実の問題解決から目をそらし、精神論だけで終わってしまうことが予想される。いわば「何かやっています」的な印象を振りまくことに予算が使用され、実質的な課題への対応がおろそかにされるということだ。有権者に「印象」づけをおこなうだけで、実際には何も進まないというこうした施策の方向性は、福祉や教育をめぐる施策で近年目立っている手法だといってもいいだろう。

子育てに関する家庭支援というなら、精神論の押し付けとしか思われない偏った家族主義イデオロギーを強制するのではなく、家族の多様性を直視し、個々の家族や子どもたちのニーズに寄り添い、問題を解決してサポートする仕組み作りが何よりも必要なのだ。

5 「家族は一体イデオロギー」と親子断絶防止法

本書で議論しているもう一つの家族をめぐる法制度は、親子断絶防止法である。簡潔に言えば、離婚などに伴う「家族の断絶」を制度によって埋めることで家族としての一体感を維持しようという法制度である。

背景の一つには、離婚などに伴う親子間の引き離しと、それに対する親子の面会交流の枠組み作りがあるのだろう。そしておそらくこの法制度の契機の一つは、二〇一三年に日本政府が批准したハーグ条約（子の引き離しに関する条約）だったと思う。

筆者はこのハーグ条約批准の動きについて、一貫して「慎重派」の立場から意見を表明してきた（批准後は、AFP通信からコメントを求められた[7]）。ハーグ条約そのものは、国際結婚の広がりのなかで、夫婦間のトラブルから子どもを連れて帰国してしまった配偶者に対して、子ども権利擁護の立場から「できるだけ早急な原状回復」を求める国際条約である。ただし、この条約が制定された一九八〇年段階では、DVについての認識がほとんど共有されておらず、DV被害者の子どもを同道しての帰国（暮らしていた国からの脱出）については、まったく考慮していなかったと言われる（DVに対応し始めたのは、二〇一〇年代になってからだと言われる）。

日本に子どもを連れて戻ってきている女性たちの多くはこのDV被害者のケースに該当する。もしDV問題に対応がされないままにハーグ条約が批准された場合、「できるだけ早急な現状復帰」の名のもとに加害男性に子どもが連れ戻される可能性が高いのである。

実際、この条約批准にあたっては、日本政府も様々な配慮をせざるをえなかったようだ。そのことは、ハーグ条約本体が四十五条でしかないのに、これに対応するための日本の法律は、何と百五十三条ときわめて大部なものにならざるをえなかったことからも見て取れるだろう。また、日本側の法律には、「常居住地国に子を返還することによって、子の心身に害悪を及ぼすことその他耐え難い状況に置くことなど重大な危険がある」場合は、「子の返還を命じてはならない」（「国際的な子の奪取の民事上の側面に関する条約に関する法律」二十八条）という条項が入っている。運用上の解説には、具体的に「相手方が（子の返還の）申立人から子に心理的外傷を与えることになる暴力等を受けるおそれ。（例）子の面前で申立人が相手方に暴力を振るう場合など」と、子の利益を前提にしたものではあるが、ハーグ条約にはなかったDVに配慮した条文も不十分とはいえ書き込まれることになった[8]。

また、この批准に伴う国内法では、親子断絶防止法の重要テーマである面接交流についても規定を設けている（十六条から二十四条に、国内と海外での面会交流について、外務大臣への申請と決定が必要とした）。

もちろん、ハーグ条約批准前から国内でも面会交流は実施されてきた。多くは家庭裁判所を介して、調停委員や調査官などの関与のもとでおこなわれてきた。ただし、DV関連の面会交流は、様々な課題を抱えてきたのも事実である。いくつかの自治体（神戸市など）では、DVの基本計画で面会交流を行政の関与のもとでおこなう動きもあった。しかし、人の配置の難しさやそれを支えるための財政不足など、実際に行政機関が主導して面会交流を進めることは、多くの困難をはらんでいた。

DVによる離婚後の面会は、母親側の父親との面会拒否という事態につながることがよくある。こうした面会の拒否は、ときに父親側の強引な対応を生んできたのも事実である。子どもの連れ去りや、ひどい場合は子どもの面前での元妻の殺害などのケースも見られる。また、面会交流の拒否から、子どもを道連れ心中（殺害）してしまうような父親のケースも存在している。平穏に面会可能な父親の場合でも、元妻の拒否にあうこともあり、欧米社会と同様、いわゆる「父親の権利」要求の動きが日本でも生まれている。子どもの利益への最大限の配慮を前提にしたうえでの、こうした面会交流の安全かつ平穏な実施は、日本でも喫緊の課題であることは明らかだ。

しかし、この問題に詳しい弁護士の可児康則によれば、面会交流がもたらす子どもの影響についての十分な配慮がなされないまま、家庭裁判所の判断による面会交流がおこなわれているケースも多数あるという。可児によれば、紛争家族の実態の直視、子どもの意思の尊重、子どもの生活環境への十分な配慮など、課題は山積しているという。(9)

二〇一七年現在の親子断絶防止法は、面会交流問題への対応という意味を持っているのは確かだろう。しかし、この法律は、DVによる離婚問題への視座や子どもへの十分な配慮、実際に起こりうる危険に対する十分な対応が準備できているとは思われない、きわめて中途半端なものだという印象が強い。

また、現実に起こっているDVや児童虐待などの問題を無視した「親子は一体であるべき」という、(戦前の日本型)家族主義イデオロギーが見え隠れしている点も気になる。DV被害者になりやすい女性の視点が欠落し、何が何でも家族という「形」を守ろうという、古い男性主導の「鎧」が見え隠れしているようにも思う。

もし、十分な配慮に基づいた面会交流を本格的に進めるなら、家庭裁判所の体制の充実や、安全な場所の設置と立会人の確保など、法律がまだ制定されていない段階でもできることはたくさんあるはずだ。見方によれば、この法律も「何かやっています」的な「印象」を振りまくだけで、実際に必要な持続的できめ細かい対応は回避する結果になる可能性さえあると思う。

おわりに

いま、日本社会に求められているのは、古い伝統的家族主義の復活ではない。にもかかわらず、現在進められている家族をめぐる動きは、本来必要な家族支援策への期待を裏切る形で展開されているようにしか思えない。政策的な家族支援策を回避しながら、精神論的な家族主義の強調で、家族(育児から介護までのケアの領域)を「利用」しようというものにしか見えないからだ。むしろ、男性が主導する家族の再編が本当の目的ではないのかとさえ感じられる点もある。

必要なのは、多様な家族の存在の承認と、家族生活の支援のための制度、それを支えるための本格的な家族政策なのだ。そのためには、法律の制定以前に、多様な困難を抱えている家族支援のための財政出動、人員配置、場所の確保・提供など、やれることはたくさんあるはずだ。まずは、こうした現実の家族が抱える現実の問題の直視（十分な実態把握）のうえで、精神論やイデオロギーにまみれた家族政策から、より実践的かつ（性的指向やおかれた環境に対する十分な配慮を伴った）個々人の平等と公正を守り、家族の多様性を前提にした政策の展開が求められているのだ。

注

（1）伊藤公雄編『憲法と世論』（「コメンタール戦後五十年」第八巻）、社会評論社、一九九六年、伊藤公雄『「戦後」という意味空間』インパクト出版会、二〇一七年

（2）読売新聞社編『憲法 二十一世紀に向けて――読売改正試案・解説・資料』（読売新聞社、一九九四年）、読売新聞社編『憲法改正――読売試案二〇〇四年』（中央公論新社、二〇〇四年）など。

（3）尾澤恵「憲法の家族規定と社会保障――EU構成国における憲法の家族規定と家族政策の関係」、国立社会保障・人口問題研究所編「季刊・社会保障」第四十一巻第四号、国立社会保障・人口問題研究所、二〇〇六年

（4）辻村みよ子『比較のなかの改憲論――日本国憲法の位置』（岩波新書）、岩波書店、二〇一四年

（5）伊藤公雄「家族政策とジェンダー」、冨士谷あつ子／伊藤公雄編著『フランスに学ぶ男女共同の子育てと少子化抑止政策』所収、明石書店、二〇一四年

（6）シンポジウム「超少子化と向き合う――問われる生き方・施策」（有楽町朝日ホール、二〇〇四年五月二十二日）でのキアラ・サラチェーノ氏の報告から。
（7）"Japanese parliament approve child abduction treaty," *ABC/AFP*, 23 May 2013.
（8）織田有基子／橋爪誠／床谷文雄／大谷美紀子／伊藤公雄／コリン・ジョーンズ／吉田容子「第四十七回シンポジウム ハーグ「子の奪取条約」と国内法制」、関西大学法学部「NOMOS」第三十一号、関西大学法学研究所、二〇一二年、村上正子／安西明子／上原裕之／内田義厚『手続からみた子の引渡し・面会交流』弘文堂、二〇一五年
（9）可児康則「司法における面会交流の現実」、小川富之／髙橋睦子／立石直子編『離別後の親子関係を問い直す――子どもの福祉と家事実務の架け橋をめざして』所収、法律文化社、二〇一六年

［著者略歴］

二宮周平（にのみや しゅうへい）

1951年生まれ

立命館大学法学部教授

専攻は民法（家族法）

著書に『家族法』（新世社）、『家族と法』（岩波書店）、『事実婚の判例総合解説』（信山社）、編著書に『性のあり方の多様性』（日本評論社）、共著に『離婚判例ガイド』（有斐閣）など

千田有紀（せんだ ゆき）

1968年生まれ

武蔵大学社会学部教授

専攻は家族論、フェミニズム論、現代社会論

著書に『日本型近代家族』（勁草書房）、『女性学／男性学』（岩波書店）、編著書に『上野千鶴子に挑む』（勁草書房）、共編著に『ジェンダー論をつかむ』（有斐閣）、共著に『喪男の社会学入門』（講談社）など

斉藤正美（さいとう まさみ）

1951年生まれ

富山大学非常勤講師

専攻は社会学、フェミニズム・社会運動研究

共著に『まぼろしの「日本的家族」』（青弓社）、『徹底検証 日本の右傾化』（筑摩書房）、『社会運動の戸惑い』（勁草書房）、『ジェンダーで学ぶ言語学』（世界思想社）、『表現とメディア』（岩波書店）など

若尾典子（わかお のりこ）

1949年生まれ

佛教大学社会福祉学部教授

専攻は憲法学、ジェンダー法学

著書に『女性の身体と人権』（学陽書房）、『ジェンダーの憲法学』（家族社）、共著に『フェミニズム法学』『権力と身体』（ともに明石書店）、『セクシュアリティと法』（東北大学出版会）、『沈黙する人権』（法律文化社）など

［編著者略歴］
本田由紀（ほんだ ゆき）
1964年生まれ
東京大学大学院教育学研究科教授
専攻は教育社会学
著書に『社会を結びなおす』（岩波書店）、『もじれる社会』『教育の職業的意義』（ともに筑摩書房）、『軋む社会』（河出書房新社）、『「家庭教育」の隘路』（勁草書房）、編著書に『現代社会論』（有斐閣）など

伊藤公雄（いとう きみお）
1951年生まれ
京都大学・大阪大学名誉教授。京都産業大学客員教授
専攻は文化社会学、政治社会学、ジェンダー論
著書に『「戦後」という意味空間』『「男女共同参画」が問いかけるもの』（ともにインパクト出版会）、『男性学入門』（作品社）、共編著に『ジェンダーで学ぶ社会学〔全訂新版〕』（世界思想社）、共著に『女性学・男性学 改訂版』（有斐閣）など

青弓社ライブラリー89

国家《こっか》がなぜ家族《かぞく》に干渉《かんしょう》するのか
法案・政策の背後にあるもの

発行――2017年9月30日　第1刷
　　　　2020年9月28日　第5刷

定価――1600円＋税

編著者――本田由紀／伊藤公雄

発行者――矢野恵二

発行所――株式会社青弓社
〒162-0801 東京都新宿区山吹町337
電話 03-3268-0381（代）
http://www.seikyusha.co.jp

印刷所――三松堂

製本所――三松堂

ISBN978-4-7872-3421-6 C0336